곽중철의 통역강의록

학부에서 대학원까지

곽중철의 통역강의록

학부에서 대학원까지

| 곽중철 지음 |

HU:iNE

〈이 책은 2011학년도 한국외국어대학교 교내학술연구비 지원에 의하여 이루어진 것임〉

저자의 말

곽중철의 통역 강의록 - 학부에서 대학원까지

통역대학원 교수들에게는 정해진 강의록이 없다. “10년도 넘은 강의록으로 똑같은 강의를 한다”는 말은 우리 대학원에서는 통하지 않는다. 1년이 넘은 연설은 연설이 아니라 ‘전설’이기 때문이다. 매주 새로 나온 연설로 강의 준비를 해야 하기에 우리 대학원 교수들은 항상 바쁘다. 바쁘면서도 1년에 몇 번만이라도 실제 통역을 해봐야 한다. 현장에 나가보지 않으면 통역 시장의 니즈를 알 길이 없으며 강의 능력도 녹슨다. 음대나 미대 교수들이 직접 연주회나 전시회를 여는 것과 같다.

1979년 9월 한국외대 통역대학원이 생긴 지 30년이 넘었고 저자가 1999년부터 모교에서 강의한 지 14년 째다. 2010-2011 첫 안식년을 보내면서 확신한 것은 통역대학원이 위대한 학교라는 사실이었다. 우리나라의 어느 대학원이 우리 졸업생만한 인재들을 배출하는가? 어느 대학원 졸업자가 우리만큼 취업률이 높고 우리 졸업생만큼 보수를 받으며 사회의 인정을 받는가? 특히 어느 대학원의 여성 졸업자가 유리천장(glass ceiling)도 없이 남성들 사이에서 두각을 나타내는가? 그 비결은 우리 대학원이 속일 수 없이 실력이 오롯이 드러나는 통번역이라는 분야에서 엄격한 교육과 훈련으로 학사관리를 해왔기 때문이다. 졸업생 대부분이 "내가 통역대학원을 선택한 것은 인생 최고의 결정이었다"고 말하는데 주저하지 않는다. 그들은 자신의 평생 직업에 자부심과 만족을 느끼고 산다. 한 마디로 통역대학원은 아직까지는 도전해볼 가치가 충분한 학교다. 몇 년 내로 기계가 통번역을 할 것이라는 성급한 예상은 필자가 보기에는 요원한 상상일 뿐이다.

학교에 온 이듬 해인 2000년 한국외대 출판부에서 '통역 101'이라는 입문서를 펴냈다. 그 책을 본 출판사 다락원의 제의로 '통역사 만들기'라는 저서를 2001년에 출간했다. 그동안 본 대학원 졸업자들이 우리나라 통역계를 이끌며 통역을 인기 직종으로 만들자 통역대학원 입시 준비를 전문으로 하는 학원이 생겨났고, 그런 인기를 바탕으로 1996년 이화여대를 시작으로 전국에 10개가 넘는 통역대학원이 설립되었다. 그에 더해 여러 대학의 학부에도 통역 전공이 유행처럼 만들어졌다. 그것도 모자라 유치원에서도 유아들에게 동시통역 식으로 영어를 가르친다는 선전 문구가 횡행하기도 했고 실제로 초등학생을 위한 통역 시험도 시행되고 있다. 웃지 못할 현상이다.

외국어 공부에서 통역이 이렇게 인기가 높은 이유는 젊은 통역대학원 졸업생들이 고위 인사들 곁에서 통역하는 모습이 언론에 보도되니 멋있어 보여 "나도 해보자"는 마음이 드는 것이 첫째 원인일 것이다. 30년 전 사회에 나온 초기 여성 통역사들을 두고 언론이 '신데렐라' 신드롬을 부채질한 것도 한 몫을 했다. 두 번째 더 순기능적 이유는 통역을 하면 실력이 적나라하게 드러나 그 사람의 실력을 단번에 알 수 있기 때문이다. 토플이나 토익 성적이 진짜 실력이 아닌 경우가 많다는 자각이 퍼지면서 통역이야말로 감추거나 속일 수 없는 어학 실력 판단기준이 될 수 있으리라.

그런데 과연 학부생부터 통역을 가르치는 것이 가능하고 바람직한 일일까? 통역이란 일정한 수준의 언어 구사력을 바탕으로 각 분야의 전문 지식을 이해해야 가능하다는 명제를 놓고 볼 때 대학에서 영어를 전공하기 시작한 학생들에게 통역을 가르친다는 것이 옳은 일일까? 이런 의문에도 불구하고 학부의 통번역 전공은 기정사실이 된 지 오래다. 갖가지 언어를 쓰는 나라들이 모여있어 가장 긴 통역의 역사를 가진 유럽에서는 일찍이 학부에서 통역을 가르쳐왔다. 그들에게 '통역'이란 이웃나라와의 거리만큼이나 가까운 '생활'이기 때문이지만 극동에 '은둔'해 있었던 우리나라는 그렇지 못했다. 결국, 〈조기교육〉이란 화두가 통역 분야에만 예외가 될 수는 없어 이왕 시작된 학부생의 통번역 교육을 위한 하부구조의 내실화가 시급하다.

한편, 우리나라에는 2008년부터 지역사회 통역(community interpreting)이 시작되고 있다. 국내 거주 외국인의 수가 150만에 육박하는 글로벌 시대에 그들을 위한 법정 및 의료 통역을 위한 교육도 시행되고 있다. 특히 2009년부터는 보건복지부 주관으로 매년 의료통역사 양성 훈련이 이루어지고 있다. 지난 30년 동안 통역대학원에서 가르쳐온 것이 회의통역(conference interpreting)이었다면 이제 일상에 더 가까운 통역을 위한 교육이 진행되고 있는 것이다. 회의 통역이 연사의 독백(monologue)에 대한 통역이라면 지역사회 통역은 용의자와 법관, 환자와 의료진의 대화(dialogue)의 통역이다. 이제는 학부 통역학과나 통역대학원 차원에서 법정 및 의료통역을 교육할 수도 있다.

2000년 출간한 '통역 101'을 기초로 하면서도 완전히 새로운 책을 만들기로 작정하면서 몇 가지 주안점을 두었다. 첫째, 통역이란 무엇인가를 학부생의 눈높이에 맞춰 파헤친다. 둘째, 통역은 단순한 언어의 유희가 아님을 보여주기 위해 통역의 대상이 되는 분야에 대한 전문 지식을 쉽게 풀이한다. 셋째, 2011년 9월 안식년에서 돌아와 필자가 대학원에서 다뤘던 연설과 전공구분 및 졸업시험 문제의 요점만을 골라 중점적으로 해설한다.

이 책을 교재로 공부하기 전, 명심해야 할 점이 몇 가지 있다. 첫째, 다른 분야와 마찬가지로 통역에서도 어학 실력의 기본이 가장 중요하다. 모국어와 전공외국어에 대한 일정 수준의 기본 실력이 없이는 결코 통역을 할 수 없다. 모든 운동에 기본기가 중요하듯, 튼튼한 기초 없이 어려운 연설을 통역해 보겠다고 덤비는 것은 김칫국부터 마시는 격이다. 탄탄한 문법 실력이 그중 하나이다. 둘째, 여러 분야에 대해 아는 것이 많고, 관련 경험이 많을수록 통역의 질이 높아짐을 깨달아야 한다.

경제 관련 통역은 경제에 통달한 사람이 정확한 통역을 할 수 있고, 의료 통역은 의학을 잘 아는 사람이 설득력 있는 통역을 할 수 있다. 특히 더욱 세분화되고 더욱 심층화된 최첨단 분야는 내용을 모르면 애당초 통역이 불가능하다. 특히 현대는 정보기술(IT)을 모르고는 첨단분야의 통역을 해낼 수가 없다. IT 관련 지식뿐 아니라 IT 관련 기기를 직접 사용할 줄 아는 사람이 통번역에도 유리한 시대다. 결론적으로 통역이란 탄탄한 어학적 기초와 상식과 전문 지식을 나란히 쌓아야 하는 공부다. 어학 실력을 튼튼히 하고, 각 분야를 깊이 공부하며, 많은 직 · 간접 경험을 쌓는 부지런한 사람이 되어야 훌륭한 통역도 할 수 있음을 명심하자. '어려우니까 통역' 인지도 모른다. 이 모든 이야기가 지난 10여년간 관리해온 필자의 홈피 www.jckwak.net 에도 쌓여있다.

2012년 새 학기를 맞으며

곽 중 철

contents

곽중철의 통역 강의록
- 학부에서 대학원까지

c o n t e n t s

contents

c o n t e n t s

통역 입문생의 자세

1. 자기 성찰

빠르면 초등학생 때부터, 늦으면 대학 졸업 후에 "통역사가 되고 싶다"고 하는 사람들이 많다. 내 홈피(www.jckwak.net)에 "어떻게 하면 통역사가 될 수 있느냐?"고 글을 올리는 학생들을 보면 대부분이 말본새(문법)가 엉망이다. 간단한 질문마저 똑 부러지게 못 쓰는 사람들이 어떻게 통역을 한단 말인가?

통역을 해보려는 자는 "내가 말하기를 좋아하고, 말을 잘 할 수 있는가?"부터 따져봐야 한다. 그 질문은 한국어든 외국어든 내가 모국어가 있나? 라는 질문이다. 모국어가 없는 사람은 한국어든 외국어든 그 의미를 분명히 이해할 수 없다. 또 자신이 이해하지 못함을 깨닫지 못한다. 정체성(identity)이 없이 안개 속을 헤매는 딱한 상태다.

언제부턴가 한자교육이 폐지되고 영어 교육만 강조되면서 우리젊은이들은 모국어를 잃어버렸다. 그런 젊은이들이 번역을 하니 FTA 한글 번역문도 오역투성이다. 모국어의 파수꾼이 되어야 할 신문, 방송 등의 언론마저도 올바른 우리말에 대한 의지를 잃어가고 있다. 필자가 40대 중반이던 1995년 YTN에서 근무하기 시작할 때까지만 해도 사람이 다쳤다는 말은 '부상(負傷) 당하다가 아니라 부상하다"라고 해야 한다고 바로 잡아주는 나이 지긋한 '데스크'가 있었는데 이제는 그런 데스크들마저 한글 세대로 바뀌니 모국어에 관한 한 '어른'이 없어졌다. 틀린 말을 지적하면 뜻만 통하면 됐지 뭘 그런 사소한 시비를 하느냐는 답이 돌아온다. 그런 사람들이 영어를 모국어 수준으로 한다면 문제는 달라진다. 그러나 20-30년 배운 영어는 모국어보다 더 낮은 수준인 게 문제다. 모국어를 모국어 수준으로 구사하지 못하는 사람은 아예 통역사의 꿈을 접는 것이 서로를 위해 좋은 선택임을 깨닫는 것이 좋다.

2. 거듭나자

한국어든 영어든 모국어가 있고, 완벽한 모국어를 위해 정진하겠다는 결심이 선 후 진지하게 통역을 공부해보겠다고 결심한 사람은 고생문으로 들어선 것이다. 이 문은 한가지 외국어를 배울 때보다 훨씬 더 큰 고생을 감내해야 하는 길이다. 어떤 외국어라도 시간이 갈수록 어려워지지만 통역 공부를 시작해보면 모국어가 어렵다는 것을 느끼는데 오랜 시간이 걸리지 않는다. 큰 벽이 가로막고 있는 것같이 느끼게 된다. 모국어도 흔들리는데 외국어까지 마스터해야 하니, "이건 불가능한 공부가 아닌가?", "영원히 정복할 수 없는 산이 아닌가?", "되지도 않을 공부에 괜한 노력과 시간만 낭비하는 것이 아닌가?" 의문이 꼬리에 꼬리를 문다.

왜 그럴까? 우선 통역이란 신(神)에 도전하는 일이기 때문일 것이다. 구약에 보면 사람들이 하늘에 닿는 바벨탑을 쌓기 시작하자 하느님이 괘씸하게 여겨 이를 막기 위해 탑을 쌓는 인간들의 말을 다 다르게 해 인간끼리 말이 통하지 않게 했다. 말이 통하지 않으니 사람들은 의사 소통이 안돼 탑 쌓기 작업을 계속할 수 없었고 하나님은 목적을 이루신 셈이 되었다.

그때부터 통역이라는 직종이 생겨났을 것이다. 따라서 통역의 역사는 바벨탑만큼이나 오래된 것이리라. 신이 금지한 인간끼리의 의사 소통을 가능하게 해야 하는 임무… 통역은 그래서 엄청 힘들고 불가능해 보이는지 모른다. 그래서 할 때마다 떨리고, 하면서도 등에 식은 땀이 나고, 한 후에도 찜찜한 경우가 많은 지 모른다.

동양권 언어인 한국어와 서양권 언어인 영어 사이의 통역은 동양권 언어 사이

(예: 한국어-일본어)나 서양권 언어 사이(예: 영어-불어) 통역보다 훨씬 더 어렵다. 언어의 뿌리와 배경이 다르고, 문화적 차이가 크며, 사고 방식이 판이하기 때문이다. 같은 언어권 내 언어 사이의 통역보다 몇 배나 더 힘들다. 한국인 통역사들의 활동 수명이 짧은 것은 그만큼 작업 강도가 높기 때문이리라.

남의 말을 내 말인 것처럼 다른 말로 옮겨야 하는 통역은 자신의 말을 하는 것보다 몇 배나 더 힘들다. 한 마디로 하면 통역은 인간의 정상적인 행위가 아니다. 인간은 보통 남의 말을 듣고 난 후 자신의 말을 하는데 통역은 남이 하는 말을 자신이 한 것처럼 똑같이 다른 말로 하고, 특히 동시통역의 경우 남이 말하는 같은 시간에 해야 하니 미친 짓이 아닌가?

남들 앞에서 통역을 할 때 느끼는 공포감(stage fright)도 이겨내야 한다. 30년 경력의 통역사도 이 공포감이 세월이 감에 따라 단지 덜 불쾌(less unpleasant)해질 뿐이라고 하고 오히려 약간의 공포감을 느껴야 성공적인 통역이 나온다고 한다. 통역을 한 번이라도 해본 사람은 이를 이해할 것이다. 명 배우도 연기 전 공포감을 느끼고, '나가수'의 가수들도 긴장감을 토로하듯 긴장하지 않고는 훌륭한 통역을 할 수 없다. '긴장'보다는 '설렘'이 성공의 비결이라는 어록도 나왔지만...

통역사 지망생은 이 공포감과 친해지는 것부터 시작해 모든 말을 다시 배운다는 자세로 임해야 한다. 우선 외국어보다 모국어부터가 얼마나 어려운 것인지를 깨닫고 느끼는 좌절감, 태어나서부터 배운 모국어부터가 거대한 장애물로 다가오는 무력감 앞에서 자신의 체질마저 바꾸겠다는 결심을 해야 한다.

모든 말을 새로 듣고, 새로 느끼고, 새로 해보는 체질을 가꾸어야 한다. 통역을 공부하기 전, 그냥 듣고 그냥 내뱉던 말들이 새로이 다가옴을 느낀다. 그때마다 다시 사전을 찾아보고, 메모해 제 것으로 만들어야 한다. 한 마디 말도 꼼꼼히 다시 보는 체질로 바꿔야 한다. 또 이 모든 과정에서 말이란 연설이든 통역이든 가능한 한 짧고 가능한 한 쉽게 그 의미를 전달하는 하는 것이 최선임을 깨달을 때까지.

3. 모든 것을 새로 보자

필자가 파리 통역대학원(ESIT)에 유학할 때 유명한 통역사 겸 학자였던 원장 고(故) 다니카 셀레스코비치 교수는 강의 때마다 "우선 이해부터 해야 한다"고 강조했다. 당시는 그러려니 했는데 10년 이상 후배들을 가르치다 보니 그보다 맞는 말이 없다. 통역사가 우선 이해하지 않고서는 절대 통역이 되지 않는다. 따라서 통역사는 통역해야 하는 말을 우선 이해해야 한다.

세상에 통역의 대상이 되지 않는 분야나 일은 없다. 통역 공부가 어려운 점 중의 하나는 통역 대상에 정해진 분야가 없다는 것이다. 다른 공부는 자신의 전공분야만 열심히 공부하면 되지만 통역 공부는 그렇지 않다. 이 세상의 모든 분야가 대상이니 도대체 어디부터 공부해야 할 지, 아무런 장비도 없이 망망대해에 떠있는 기분이다. 이런 사정도 모르고 머리 위로는 모국어와 외국어가 폭풍우가 되어 쏟아져 내린다.

통역이 어려운 것은 그 대상이 각 분야의 전문가들이라는데 있다. 그들은 보통 신참 통역사들보다 나이도, 지식도, 경험도 훨씬 많다. 국제회의에서 발언하는 사람들은 적어도 몇 년, 길게는 수 십 년의 경력을 가진 사람들이다. 반대로 통역사는 통역을 의뢰 받은 며칠 만에 특정 분야를 통역해야 하고, 며칠 만에 그 주제에 통달할 수가 없다. 우리가 여행을 떠나 타향의 숙소에서 며칠을 묵는다 해도 며칠 만에 그 집의 역사나 사연을 다 알 수는 없다. 국제회의란 그런 것이다. 유엔 관련 회의를 통역할 때 며칠 만에 유엔의 모든 것을 파악할 수는 없지만 관련 자료를 연구해 연사들의 발언을 이해하고 다른 말로 최대한 옮겨보려는 노력을 경주하는 수밖에 없다. 그 집의 역사를 대략 이해하고 그 주제에 통달할 때쯤이면 다른 집으로 떠나가야 하는 것이 통역사의 숙명이다.

바다에 빠져 우선 물 위로 고개를 빼어 숨쉬는 요령을 배우고, 팔을 젓는 방법을 배우고, 다리를 움직이는 법도 배우다 보면 몸이 수면에 떠 목숨을 부지할 수 있다. 그 다음 사방을 둘러보면 나무조각도 떠다니고, 구명 조끼가 떠내려올 수도 있다. 이 쪽으로 헤엄쳐도 힘들고, 저쪽으로 헤엄쳐도 힘들지만 얼마 지나면 어느 쪽이 쉬운 지를 알게 된다. 때로는 풍랑도 만나고 상어도 만난다. 그래도 열심히 싸워 나가면 언젠가는 어지간한 풍랑이나 상어 떼는 이길 수 있다는 자신감이 들기 시작한다. 통역 경력이 쌓이면 "이제는 어떤 주제가 어떤 식으로 나와도 어느 정도는 붙어볼 만하다"는 자신감이 생기게 된다.

어떤 주제에 대해서도 자신감을 갖기 위해서는 우선 모든 분야에 관심을 가져야 한다. 언어학자이면서도 여러 분야의 사회활동을 펼친 노암 촘스키는 "우리가 조금만 관심을 기울이면 이 세상에 이해하지 못할 분야는 없다"고 했다. 그렇다. 통역사는 모든 분야를 골고루 이해하고 공부해 만물박사가 되어야 한다. '지적 호기심'이 통역사의 자질 중 하나이고 그것이 거름이 되어 훌륭한 통역을 할 수 있게 된다. 또 여러 분야를 공부하고 통역을 하다 보면 새로운 분야를 이해하고 그 분야의 당대 최고 전문가들과 소통하는 즐거움이 덤으로 따른다. 이는 모든 사태를 파헤치려는 '기자정신'과 상통한다.

4. 천직(天職)의 신념

모든 직업이 그렇지만 그 분야에서 성공하기 위해서는 천직(calling, vocation)이라는 신념을 가져야 한다. 통역은 서비스 직종이다. 자신의 의사를 표현하는 것이 아니라 남의 말을 전해주어야 하는 철저한 서비스 직종이다. 말을 사랑하고, 남의 말을 듣고 그 의미를 파악하여 그 말을 모르는 사람에게 전달하는데 크든 작든 보람을 느껴야 한다. 서비스 직종이기에 통역사의 음성은 듣기에 편해야 하고, 통역사는 부드러운 말씨로 서비스해야 한다.

통역사의 말에는 공손함과 예의가 베어있어야 한다. 불쾌한 말씨나 무례한 표현, 반말조의 어조는 물론 금물이다. 아무리 피곤하더라도 내색하지 말아야 하고 연사의 말이나 논리가 마음에 들지 않아도 그대로 전달해야 한다. 연사의 말솜씨가 없거나 논리가 엉망이라 통역하기가 힘들어도 불평할 수 없다. 그 시간, 그 상황에서 최선을 다해야 할 뿐이다.

30년 전부터 우리 대학원을 졸업해 시장에서 일하는 통역사들이 공통으로 하는 말이 있다. 우리나라 사람들이 우리말을 제대로 못한다는 비판이다. 우리의 말하기 교육이 잘못된 것이다. 논리가 분명치 않은 연설을 하는 우리 연사를 만나면 외국인들을 설득할 수 있는 통역을 하기가 정말 어렵다. 도대체 저 사람이 무슨 말을 하려는 것인지, 통역이 더 어려워지고 느려진다. 통역사들은 그런 연사를 만날까 봐 무서워한다. 외국인 청중이 "연사와 통역사 중 하나는 엉터리"라는 결론을 내릴까 두려워지는 까닭이다

물론 통역도 다른 직업과 마찬가지로 생계를 위해 하는 것이지만 거기에서 즐거움과 보람을 느낄 수 있다면 더할 나위가 없을 것이다. 그런데 워낙 강도가 높은 정신 노동이라 자칫하면 건강을 잃을 수 있다. 인간이 언어에 문제나 장애가 생기면 정신건강이 급속도로 나빠지기 쉽다. 이에 대비해 운동을 통해 육체적 건강을 다진다거나 정신 수양을 하는 것이 좋다.

어찌 보면 통번역만큼 답답하고 꽉 막힌 직종도 없을 듯하다. 자신의 생각을 자신의 말로 마음껏 펼쳐나가는 것이 아니라 남이 한 말을 가감 없이 옮겨야 하니 그만큼 융통성이 없다. 그 대가로 받는 통역료는 고도의 정신 노동에 대한 대가일 뿐 부가가치가 없다. 그러나 누군가는 이 일을 해야 하고, 이 일에 남보다 적성이 맞는 사람이 통역사이다.

5. 전문 분야를 찾아라

통역사는 만물박사가 되어야 한다지만 모든 분야를 다 잘 알 수는 없다. 예를 들어 IT(Information & Technology)에 정통한 사람이 약학에도 정통할 경우는 많지 않다. 사람의 능력에 한계가 있기 때문이다. 또한 모든 분야가 눈부실 정도로 빨리 전문화되고 있기 때문에 통역사도 자신의 전문분야를 개발해야 살아남을 수 있다. 그 분야의 통역은 그 사람이라는 정도가 되면 그 통역사는 자신만의 시장을 갖고 고소득과 안정된 생활을 누릴 수 있게 되는 것이다.

이런 관점에서 통역대학원에서는 어학이나 문학이 아닌 다른 학문을 전공한 사람이 그만큼 유리하다. 전자는 처음부터 다시 전공 통역 분야를 선택해야 하는 반면 후자는 자신의 학부 전공을 바탕으로 통역 전공 분야를 넓힐 수 있기 때문이다. 급속도로 국제 공용어가 되고 있는 영어는 모두가 공부해야 하는 만큼 학부에서 영어를 전공하여 얻는 비교우위가 퇴색하고 있기 때문에 학부에서 영어를 전공할 필요가 없다는 말이 나오고 있는 것이다.

최근에는 IT 분야, 특히 컴퓨터 분야 통역을 전문으로 하는 통역사가 많다. 그들이 통역을 하면 회의 종료 시 참석자들이 기립 박수(standing ovation)를 친다고 한다. 나날이 변화하며 발전하는 정보 통신분야에서 인정을 받는 통역사가 점점 더 많아지고 있다. 통역사도 전문화해야 되는 시대가 다가오고 있다.

통역 입문생의 생활

통번역대학원을 가고 싶은 학부생이라면 우선 다른 친구들보다 부지런해져야 한다. 아침에 신문을 읽으면서 세상 돌아가는 이치를 알아야 전문가들이 하는 말을 알아들을 수 있다. 대통령이 무슨 말을 하고, 경제는 어떤 원리로 돌아가고, 정보 기술은 어떻게 발전하고 있는 지를 추적해야 한다. 여대생 말투를 버리고 공인(公人)의 어투를 연습해야 한다.

통번역대학원생이 되었으면 자기보다 훨씬 나이가 많은 전문가들처럼 의젓하게 말할 수 있는 능력을 길러야 한다. 통역이란 공개된 장소에서 공식적인 역할을 수행하는 것이다. 통역할 때는 젊은 학생이 아니라 고객에게 봉사하는 투명한 실력자가 되어야 한다. 그러기 위해서는 통역할 분야의 지식이나 정보를 최대한 습득해야 하므로 부지런히 읽고, 듣고, 보고, 이해해야 한다.

1. 신문을 보자

통역은 현시대적(contemporary)이다. 통역은 바로 시사(時事:current affairs)이다. 현시점을 떠난 통역이란 있을 수 없다. 회의에서 연사들은 바로 오늘을 이야기한다. 따라서 통역사도 최근, 혹은 오늘 있었던 혹은 오늘 일어날 일들에 정통해 있어야 한다. 그러기 위해 할 수 있는 가장 좋고도 쉬운 일은 바로 아침마다 배달되는 신문을 읽는 것이다. 한가지 이상의 신문을 유심히 읽어라. 사회면보다는 국제면을 읽어야 국제회의 통역에 쓸 모가 커진다. 그러나 스포츠 면에 난 내용도 아침 회의의 연사가 언급하지 않으리란 보장이 없다. 연사들이 관심을 가질 얘기를 읽어라. 세계의 수많은 정치인, 학자, 기업인, 투자가들이 아침에 대여섯 개 신문을 읽는다고 한다. 그들을 통역하려면 통역사도 당연히 신문을 읽어야 한다. 최근 유명 일간지들이 벌이고 있는 신문을 통한 교육(NIE:Newspaper in Education)이 통역 교육에서도 절실하다. 필자는 제자들에게 "아침에 신문 한 장을 숙독하지 않고는 차라리 등교하지 말라"고 강변한다.

최근 안타까운 것은 인터넷으로 신문을 볼 수 있다고 인쇄된 일간지를 읽지 않는 학생이 있다는 것이다. 한 장 한 넘기며 읽는 신문의 재미, 신문의 구성과 편집의 맛, 광고의 의미와 멋 등을 느껴야 한다. 자신을 위한 신문 구독료의 투자는 몇 배의 이익을 창출하는 교육펀드가 된다. 살아있는 논리를 배우고 싶을 때 신문을 읽어야 한다. 신문에는 시대정신도 있고, 시대가 앓는 문제도 있다. 인터넷은 읽는 게 아니라 훑는 것이고, TV는 생각하는 게 아니라 보는 것이다. 생각할 틈을 주지 않고 보도록 하는 것이다. 신문은 인터넷보다 훨씬 정제되어 있고, TV보다 훨씬 개념적이다. 공동체의 문제를 보고, 알고, 느끼고, 평가하면서 공동체의 일원이 되려면 신문을 읽어야 한다. '나'와 다른 '너'를 이해하기 위해서라면 입장이 다른 두 개 이상의 신문을 읽으면 된다. 톱으로 올린 기사, 크게 다룬 기사, 작게 다룬 기사, 오피니언이란 이름의 다양한 주장 속에서 신문이 평가하는 것과 평가절하하는 것, 기억하려 하는 것과 버리는 공동체의 문제를 따져보는 일은 살아있는 논리와 개념을 익히는 중요한 현장이다.

세상 일에 무관심한 사람은 통역사를 지망할 수 없다. 통역사는 세상 만사에 눈과 귀를 기울여야 한다. 바로 '기자정신'을 갖게 되는 것이다. 그래서 신문을 보고, 뉴스를 듣고, TV 시청을 해야 하는 것이다. 여유만 있다면 영자 신문을 하나 덤으로 구독해 우리말 신문과 비교해가며 읽는 것도 영한 대역에 도움이 된다. 시사에 관심을 갖다 보면 '미디어 중독증'에 걸리기도 하지만 통역사에게는 나쁜 현상이 아니다.

통역은 하루하루가 새롭다, 어제 신문은 구문이 되어버리듯 하루만 지나도 생명력을 잃는 연설도 많다. 몇 달, 몇 년 묵은 연설은 연설이 아니라 전설이다. 특별한 경우를 제외하고는 몇 주, 몇 달, 몇 년 전 연설로 통역 연습을 하는 것은 부질없는 짓이다. 필자는 통역 강의를 앞두고 2-3일 전에 연설문을 고르는데 당일 아침에 인터넷에 뜬 연설로 대체하는 경우가 허다하다. 그만큼 통역에는 현시성이 중요하다. 학생들도 그런 연설을 좋아하고, 더 큰 학습동기를 느낀다.

신문 기사 중에서도 논리가 번득이는 논단, 기고문, 독자의 소리 등은 숙독하고 자신의 생각과 비교, 비판해보는 습관을 길러야 한다. 그래야 통역 시 논리가 정연한 통역으로 참석자들의 고개를 끄덕이게 할 수 있을 것이다.

2. 남다른 노력을

통역에 입문하여 남보다 일찍 실력을 쌓으려면 남다른 노력을 해야 한다. 자신에 맞는 학습법을 개발해 남보다 더 열심히 노력하는 자만이 효과를 볼 수 있다. 어휘력을 늘리기 위해, 말의 속도를 늘이기 위해, 표현의 정확도를 높이기 위해 나는 어떤 남다른 방법으로 노력할 것인가? 동료들과 하는 그룹 스타디 외에 혼자 있는 시간을 어떻게 보내느냐가 실력의 향상을 좌우한다는 것을 명심해야 한다. 그래야 말의 바다에서 익사하지 않고 남보다 먼저 헤어나올 수 있다.

남다른 노력이란 남보다 더 많이 연습하고, 남이 쉬는 시간에 공부하며, 남과 다른 방법으로 연구하는 것이다. 자신의 실력을 객관적으로 정확히 판단하고, 자신에 맞는 방법을 찾아 공부하는 것이다. 하루 24시간은 길 수도 짧을 수도 있다. 부지런히 노력하는 사람에게 하루는 48시간이 될 수도 있다..

3. 발표력을 기르자

자신이 스스로 훌륭한 연설이나 발표를 할 수 있는 사람이 통역도 잘 할 수 있다. 그래서 통역학교에서는 학생들 스스로 연설을 선별해 발표를 하도록 하고 그 연설을 동료학생들이 통역하게 하는 것이다. 또 준비해온 연설의 내용과 어휘, 전문 지식을 100% 설명할 수 있도록 해야 한다. 통역하는 도중 의문이 생길 때 연설을 준비한 학생이 답변을 해줄 수 없다면 통역 연습이 무슨 소용이랴? 그런 준비를 잘하는 학생이 통역도 잘 할 수 있고, 훌륭한 통역사도 될 수 있다. "한 가지를 보면 열 가지를 알 수 있다". 연설 준비 과제를 받은 학생은 동료들이 아니라 자신의 실력 향상을 위해 철저한 준비를 해야 한다. 수업이 끝나면 자신이 가장 많이 배웠음을 깨닫게 될 것이다.

연사와 연설에 따라 통역의 난이도에 큰 차이가 난다. 연설을 잘하거나 논리가 분명한 연사는 통역하기가 쉽고 신이 난다. 잘 쓰여진 연설은 통역사를 즐겁게 한다. 그러나 발음이 분명치 못하거나 말이 너무 빠른 연사, 그리고 논리가 없는 사람은 통역사를 슬프고 힘들게 한다. 동료학생들의 통역 연습을 위해 남이 쓴 연설을 대신 낭독해 줄 때 그 임무도 결코 쉬운 것이 아니며, 사람에 따라 천차만별의 결과를 보인다. 인쇄된 연설이라고 해서 책 읽듯 읽어 내리면 통역은 어려워진다. 반면에 스터디 파트너들을 돌아봐가며 눈을 맞추고(eye-contact) 맑은 목소리와 정확한 발음으로 자신이 실제 연설을 하듯, 상대방을 설득하려 노력하는 자세로 읽어주는 사람은 통역하기가 쉽고도 즐겁다.

훗날 통역사가 되어 실제 회의에서는 어떤 연사를 만나건 학교에서 통역할 때만큼은 좋은 연설을 천천히 읽어주는 데 맞춰 통역 연습을 해야 한다. 남의 연설을 읽어주는 것은 결코 자신이 직접 연설을 하거나 통역을 하는 것보다 쉽지 않다. 통역을 가르치다 보면 남의 연설을 잘 읽어 줄 수 있는 학생이 통역도 잘한다는 것을 알게 된다.

4. 주관식 시험에 대비하자

2012년부터 우리 대학원의 1차 시험이 주관식으로 바뀌었다. 매년 객관식 1차 필기 시험에 합격한 100-150 명을 2차 구술시험을 거쳐 50-60명 정도 입학시켰는데 특히 영어실력이 부족하다는 평가가 많아 진짜 외국어 실력을 시험하기 위해 주관식으로 바꾼 것이다. 2011년 11월, 입시를 마치고 교수진이 느낀 것은 객관식 시험과 달리 주관식 시험에서는 애매한 중간층 응시자가 많이 줄어들었다는 점이다. 그래서 우열을 가리기가 더 쉬어졌다. 이제 이 주관식 시험이 다시 10년은 지속될 것이다.

수험생들은 이제 이에 대비해 4지선다형의 '찍기' 실력이 아니라 자신의 생각을 직접 자신의 말로 표현할 수 있는 '진짜' 실력을 길러야 한다. '작문'은 한 사람의 어학 실력을 그대로 보여준다. 문법에 맞춰 글을 쓸 수 있는지, 지문의 의미를 잘 이해하고 있는지, 적절한 어휘력을 갖추고 있는지가 뚜렷이 드러난다. 따라서 깊이 있는 어학 실력을 기르는 것이 무엇보다 중요함을 명심하자.

5. 통번역 기계?

최근 들어 영어가 국제어가 되고, 영어를 축으로 다른 언어로 통역이 이루어지는 현상을 보면서 통역사들 마저 "점점 더 많은 사람이 영어를 할 수 있게 되면 모든 회의가 영어로만 진행되어 몇 년 안에 통역은 무용지물이 되지 않을까?"라는 의구심을 갖게 되었다. 그러나 그에 대한 답은 "결코 그렇지 않다"는 것이다.

우리나라와 마찬가지로 세계 각국에서도 국제적 추세에 따라 영어를 중시하면서 영어를 공부하는 사람들이 늘고 있다. 그에 따라 영어를 구사할 수 있는 사람의 수도 기하급수적으로 늘고 있다. 그렇다고 몇 년 안에 통역이 필요 없어질까? 그렇지 않은 이유는 첫째, 세계적으로 영어를 할 줄 아는 사람은 늘고 있지만 '통역이 필요 없을 정도'로 영어를 잘하는 사람은 많지 않다. 사람은 모국어로는 자신의 생각을 마음대로 표현할 수 있지만 외국어로는 외국어 실력만큼만 말할 수 있다. 영어가 모국어인 사람들과 영어로 협상을 벌일 때 우리가 불리해지는 이유가 바로 여기에 있다. 따라서 국제적인 모임에서 모국어로 얘기를 하고 이를 외국어로 정확히 전달할 수 있는 능력을 가진 통역사를 써야 한다. 그 때문에 유엔의 공식언어는 여전히 6개고, 유럽연합은 23개를 넘어서고 있다. 둘째, 영어는 지역과 나라마다 조금씩 다르다. 발음이 다를 뿐 아니라 같은 단어에 대한 개념도 서로 다르다. 하루가 다르게 발전하는 세상에서 그만큼 빨리 진화하는 영어를 따라잡을 만큼 부단히 노력하는 집단이 통역사들이다. 그들은 국제회의 일정에 따라 세계각국으로 비행하면서 매일매일 달라지는 영어를 체험하는 사람들이다. 각국에 그런 통역사들이 필요 없을 만큼 〈진화하는 영어〉를 따라잡을 수 있는 사람은 많지 않다.

영어를 정말 잘하는 사람이 많지 않듯 통역사라고 모두 통역을 정말 잘하는 것은 아니다. 따라서 질 높은 통역사를 골라 쓰는 것은 통역사를 사서 쓰는 고객들의 권리다. 영어를 구사하는 사람이 많아 질수록 검증된 통역사를 가려내는 고객들의 눈도 높아질 것이다. 따라서 우수한 통역사라면 진화하는 영어를 따라 잡으며 통역의 대상이 되는, 하루가 다르게 변하는 세상의 각종 정보를 부단히 학습해야 한다. 결론적으로 영어가 국제어가 됨에 따라 사라질 것은 통역 그 자체가 아니라 국제적 모임에 참석하는 영어 구사자들의 찬탄을 자아내지 못하는 엉터리 통역사들이다. 양질의 영어 통역을 제공하지 못하는 사이비 통역사들이 발을 붙이지 못하는 세상이 오고 있을 뿐이다.

오늘도 언론마다 통번역을 동시로 해준다는 기계가 개발되었다는 보도가 나온다. 그래서 학생이나 학부모들 중에도 "통번역대학원에 장래가 있나?"라는 질문을 하는 사람이 있다. 필자는 통번역 관련 전자기술을 잘 모르지만 두렵지 않다. 적어도 대학원에서 가르치는 통번역은 기계가 대신 할 수 있는 수준이 아니다. 내가 내린 결론은 단순하지만 "기계가 할 수 있으면 한 번 해보라"는 것이다. 그럴 수는 없을 것이다. 적어도 우리 생전에는...

6. 노트테이킹만 잘 하면?

노트테이킹에 대해서는 다시 상술하겠지만 우선 알아야 할 점은 노트가 절대 통역의 품질을 담보해 주지 않는다는 것이다. 오히려 가장 위험해서 가장 경계해야 할 사항은 노트를 한 후 통역할 때 그 노트로 통역사 자신의 말을 만드는 것이다. 통역이란 통역사의 말이 아니라 연사의 말을 그대로 다른 말로 옮기는 것이다. 연사의 말을 들으며 고유명사, 숫자, 핵심단어를 받아 적을 때 더 중요한 것은 연사의 논리를 그대로 통역사가 머리에 기억하는 것이다. 연사들이란 대부분 그 분야의 전문가들이다. 보통 통역사보다 나이도 많고, 지식과 정보도 많고, 경험도 많은 사람들이다. 그들의 말을 그대로 옮겨야지, 생각 없이 해놓은 노트를 보고 그제서야 무슨 말을 했더라? 하면서 노트에 적힌 단어나 심볼들로 통역사 자신의 생각을 옮기면 절대 안 된다. 그것은 통역이 아니라 창조다. 애당초 '예쁘고 마술 같은' 노트로 통역을 잘 할 수 없을까라는 음흉한 생각은 버려야 한다. 일단 철저한 '이해'가 먼저다.

통역 입문생 중 "저는 메모리 스팬이 짧아서 문제예요"라는 고백 아닌 고백을 하는 사람이 있다. 아니다. 메모리 스팬이 짧은 게 아니라 이해력이 부족한 것이다. 연설을 알아듣지 못하니 기억을 못하는 것이다. 공부를 많이 해 연설을 이해하면 기억 시간과 범위는 넓어지게 마련이다. 메모리 스팬이 짧다는 얘기는 "이해력이 부족하다"는 말이니 함부로 하지 말자.

통역사의 자질

1. 타고 난다는 것

폴 포츠, 수전 보일, 허각, 장재인... 국내외 TV 오디션 프로그램에서 뽑혀 우리 귀에 익은 이름들이다. 그들이 세상에 재능을 드러내는 순간의 녹화 장면을 볼 때마다 느끼는 것이 있다. 심사위원들이 평가를 내리기도 전, 내 귀에, 그리고 내 눈에 '팔자처럼' 노래 잘하는 후보자를 볼 때마다 찌릿한 느낌을 받는다.

노래뿐 아니라 스포츠에서도 남보다 월등 뛰어난 재주가 있는 사람을 우리는 '타고 났다' 고 한다. 박지성이 그렇고, 신지애, 박찬호가 그러며 김연아, 추신수가 그렇다. '타고 났다' 는 말은 과연 무슨 뜻일까? 몇 년 전 한국 프로농구의 S 감독은 최고 득점상을 받은 자기 팀의 J 선수를 칭찬하면서 "드리블과 패스는 선수들이 열심히 연습하면 엇비슷하다. 그러나 골 앞에서 슛하는 순간 J는 다르다. 그는 슛쟁이로 태어났다"고 했다. 박지성, 신지애, 김연아가 다 타고난 선수들이다.

통역에도 타고 난 인재들이 있다. 통번역대학원의 한영과에서는 평균 1년에 한 두 명이 통역사로 타고났다는 느낌을 준다. 그것은 어릴 때 외국생활을 많이 해 다른 학생보다 유리한 입장에서 출발하는 것과는 다른 차원이다. 상대방이 하는 말의 뜻을 재빨리 간파하고, 아 해 다르고 어 해 다름을 눈치 채 1-2초 만에 순간적으로 생각을 정리해 다른 말로 옮기는 것을 들으면 '타고 났구나' 하고 느낌을 받는다. 그런 통역을 들으면 기분이 좋아지고 더 듣고 싶어진다.

매년 연말의 입시 면접에서 가뭄에 콩 나듯 나타나는 그런 수험생을 보면 찌릿한 감동을 느끼고, 그렇게 기쁠 수가 없다. 특히 여성이 더 우수한 자질을 보이는 통역에서 남학생이 그런 자질을 보일 때는 더 반갑다. 면접 시험을 볼 때 그렇고, 국제회의에 배치한 졸업생들이 무대공포감을 떨치고 야무진 통역을 할 때 가슴이 뭉클해 진다. 그러나 최근 인터넷 시대에 통역에 가장 중요한 모국어가 무시되고 영어 교육이 우선시되면서 한자도 가르치지 않았기 때문인지 그런 인재가 점점 더 줄어드는 것 같아 안타깝다.

통역사를 양성하는 필자의 입장에서는 타고난 재주가 외국어라면 그 자질을 타고난 자가 외국어를 공부하고 통번역대학원에 응시해 통역사가 되는 것이 자신과 사회에 더 크게 기여할 수 있을 것이다.

물론 특별히 타고난 재주만으로 아무런 노력 없이 그 방면의 달인이 될 수는 없다. 부단한 노력으로 그 재주를 갈고 닦아야 한다. 물 위에 떠있는 오리가 부단히 물갈퀴를 놀려야 하듯이 남들이 모르는 노력을 끊임없이 해야 한다. 타고난 통역사라도 회의 전 열심히 자료를 연구하고도 통역 직전에는 불안한 긴장감을 느낀다. 그렇다고 그런 통역사가 다른 사람보다 특별히 잘났다는 뜻은 아니다. 여러 재능 중 그 하나를 타고 난 것뿐이다. 그런 재주를 타고난 자는 다른 약점이 있는 경우가 흔하다. 예를 들어 뛰어난 통역사 중에는 운동 신경이 없거나 방향감각이 전혀 없어 길 눈에 어두운 자가 많다. 조물주가 인간을 평등하게 만든 것이다. 그래서 이 세상이 재미있고, 살 만한 것인지도 모른다.

지난 해 나는 대학원 1학년 학생들에게 "나는 통역사로 태어났는가?"라는 제목으로 리포트를 쓰게 했다. 과연 통역이란 어떤 것이고, 번역과 어떻게 다른가를 스스로 깨치게 하기 위한 숙제였다. "타고 나지 않은 자는 통역을 포기하란 말인가?" 라는 일부의 반발 속에 제출된 리포트의 대부분은 "내가 통역사로 타고 났는지는 확신할 수 없지만 훌륭한 통역사가 되기 위해 부단히 노력하겠다"는 내용이 주류를 이루었다. 정답이다. 정치적으로 올바른 대답이기도 하다. '대기만성' 이란 말이 있듯이 길고 짧은 것은 두고 봐야 하는 것이기 때문이다.

오늘도 나는 TV에서 오디션을 받으며 타고난 노래 재주를 선보이는 가수 지망생들을 보며 새 학기에는 또 어떤 제자가 타고난 통역사의 자질과 노력을 보여줄까 기대해 본다.

2. 통역을 2년만에?

통역사 교육이 체계를 잡기 전 자수성가한 고참 통역사들은 "통역사는 태어나는 것이지 만들어지는 것이 아니다(Interpreters are born, not made)"라고 했다. 1999년부터 10년이 넘도록 필자는 매년 11월 1차 필기 시험을 통과한 100명이 넘는 수험생을 대상으로 구두 시험관으로 인터뷰를 실시하는 동안 과연 통역사는 태어나는 것이라는 느낌을 받는다. 외국에서 태어나 살고, 학교를 다닌 학생이 기초적인 문장을 옮기지 못하는 경우가 허다한 반면 외국에 가보지도 못한 학생이 100% 옮겨내는 경우가 적지 않았다 (2012년 입시 2차 면접 문제들은 후반부 참조).

과연 말재주는 타고나는 것이고, 특히 통역이란 재능은 더욱 그렇다고 볼 수도 있다. 그러나 통역을 가르치는 사람들은 통역사란 50%만 타고나고, 나머지 50%는 훈련으로 완성되는 것이라고 한다. 분명한 것은 통역에 입문한 이상, 재능만 있다고 자만할 일도 아니오, 재능이 없다고 지레 포기할 일은 더욱 아니다. 대기만성이라는 말처럼 재능이 모자라도 긴 노력 끝에 더 우수한 통역사가 되는 경우도 드물지 않으니까...

필자는 대학원 과정을 4년이나 걸려 마쳤다. 외대 통역대학원 1년을 마치고 파리 통번역대학원에서 3년을 더 공부했다. 서울에서는 "통역은 이런 것이고 이렇게 공부하면 된다"라고 해줄 선배가 없었다. 필자가 대학원 1기였기 때문에 학부 교수들이 "통역이란 아마 이런 것이고 이렇게 공부하면 되지 않을까?"라고 할 뿐이었기 때문이다. 그랬기에 암중모색 하느라 4년이나 걸려 통역 공부를 마쳤던 것이다. 외국 학교에 가서야 "아, 통역이란 이런 것이구나!"라고 할 수 있었다.

필자를 비롯한 선배 교·강사진이 자신이 어렵게 겪은 시행착오를 후배들에게 고스란히 전하며 "통역이란 이런 것이니 이렇게 이렇게 하라"고 이끌어주니 대학원 과정 2년 만에 졸업을 할 수 있는 것이다. 선배들이 시키는 데로만 하면 2년 만에 통역을 마스터할 수 있게 된 것을 고맙게 생각해야 한다.

3. 국내파와 해외파

통번역대학원 학생은 크게 남녀뿐 아니라 국내파와 해외파로 구분하기도 한다. 국내파란 해외체류 기간이 길지 않아 주로 국내에서 외국어를 공부한 사람들이고 해외파란 그 반대의 경우이다. 물론 국내파는 우리말에 강하고 해외파는 외국어에 강하다. 그렇다면 두 파 중 어느 쪽이 통역 공부에 유리할까? 정답을 먼저 말하면 어느 파인가가 문제가 아니라 어느 파이든 어떤 사람인가가 중요하다는 것이다.

통역 공부에 실패할 확률은 해외파가 더 크다. 외국에서 산 덕에 유창한 발음만 믿고 들어왔다가 외국어 실력의 4분야(말하기, 듣기, 읽기, 쓰기)가 다 요구되는 통역 공부에 얼마 안가 손을 드는 사람이 적지 않다. 결국 국내에서 우리말로 공부했든 해외에서 외국어로 공부했든 누가 전반적이고 종합적인 학습을 했느냐가 관건인 것이다. 국내에서 기른 튼튼한 모국어 실력이 어줍잖은 외국어보다 통역에는 더 굳건한 바탕이 되는 것이다. 어차피 통역이란 모국어와 외국어의 쌍방향이니까... 해외파 중에는 통역공부를 하다가 자신의 유창한 원어민 식 발음이 큰 이점이나 장점은 되지 못한다는 것을 오래지 않아 깨닫는 '소크라테스(너 자신을 알라)' 파도 많다.

서울의 통역 대학원에 입학해 막상 통역 공부를 시작하면 그 환경은 해외파에 유리하다. 많은 수업이 우리말로 진행되고 일상에서도 우리말을 쓰면서 우리말을 향상시킬 수 있으며 신문, TV 등 우리말을 늘일 수 있는 수단이 많으니까... 반면에 국내파는 의식적인 노력을 기울여야 외국어를 향상시킬 수 있다. 일상 생활에서는 계속 우리말을 쓰는 환경이니 외국어 구사 능력 향상을 위해서는 인위적인 분위기를 만들어야 하기 때문이다. 외국에 나간다면 자연히 외국어에 빠지는 학습방법(Total Immersion Method)이 가능한데 국내에서는 그렇지 못하니 의식적으로 외국어를 연습하고, 또 그럴 수 있는 환경을 만들어야 한다. 외국 친구를 사귀고, 외국어 영화를 다 들릴 때까지 반복 감상하며, 외국 방송을 정기적으로 장시간 청취, 혹은 시청하고 외국 신문이나 잡지, 서적을 숙독하는 것 등이 동원 가능한 방법이다.

국내파 중에 1년 이내에 한계를 느끼고 당장이라도 외국에 나가는 것이 현명한 것이 아닌가 질문하는 사람이 많다. 그러나 어디로 갈 것인가? 그들을 받아들여 기다렸다는 듯이 단시간에 외국어를 늘여줄 나라나 학교는 없다. 특히 통역을 위한 외국어의 수준을 향상시켜주는 대상은 더욱 찾기 어렵다. 외국어 연수 과정도 선택에 힘이 드는데 통역 과정은 그렇게 쉽게 들어갈 수가 없다. 우리와 다른 학기에 맞추고, 학교를 선택해 입학허가를 받는 일이 하루 아침에 되지 않는다. 영어의 경우 현재로서는 미국 캘리포니아 주의 몬트레이(Monterey)와 호주 시드니의 매쿼리 대학에 있는 통역대학원에 영한 통역 과정이 있고, 한국인 교수도 있어 가장 바람직하지만 최근 한국어 전공 학생 수가 줄어 운영에 어려움을 겪고 있다고 한다.

어쨌든 국내파의 '한국식' 발음은 부끄러운 것도, 크게 불리한 것도 아니다. 어차피 최근 영어는 글로비시(Globish = Global English)가 되어 미국식, 영국식, 유럽식, 동남아 식 영어가 뒤섞여 그런 대로 세상은 잘 돌아가고 있지 않은가? 우리말의 액센트가 크게 문제가 되지 않듯 한국식 영어 발음도 큰 문제가 될 수 없다. 충분히 알아들을 수 있다면 통역의 관건은 발음이 아니라 정확한 내용 전달 여부이기 때문이다.

4. 서울파와 지방파

통역사 지망생 중에서 "저는 지방 사투리를 쓰는데 괜찮을까요?"라는 질문을 하는 사람도 있다. 과거와 달리 요사이는 지방에서 고등학교를 마치고 상경한 대학생들도 감쪽 같이 서울 억양을 쓰는 사람이 많아 놀랍다. 신세대는 그만큼 적응력이 큰 덕분일까? 그러나 일부는 아직도 약간의 사투리 액센트를 버리지 못하는 사람이 있다. 그런 사람도 통역을 할 수 없는가?

결론부터 말하면 서울의 표준말을 구사할 수 있다면 사투리 억양은 큰 문제가 되지 않는다. 통역사가 표준말을 할 수 있다면 통역의 내용이 중요한 것이지 액센트는 문제가 될 수 없다. 사투리 억양이 유난히 강한 사람은 통역을 공부하면서 이를 고치는데 좀 더 신경을 써야 할 뿐이다. "바쁘면 사투리가 나온다"는 말이 있는데 특히 동시 통역 시에 바빠져 사투리가 튀어나오는 것을 경계하면 된다. 어쨌든 기존 통역사 중에도 사투리 액센트가 남아있으면서도 훌륭한 통역 내용으로 이를 극복하며 서울파보다 더 인정을 받는 사람이 많다.

필자가 보기에 영남 출신은 'ㅡ' 모음과 'ㅓ' 모음의 구별이 중요하다. 예를 들어 '증권'을 '정권'으로 발음한다면 슬픈 일이다. 무슨 수를 쓰더라도 이는 고쳐야 한다. 'ㅆ' 자음을 'ㅅ'으로 발음하는 것도 꼭 바로 잡아야 한다.

호남 출신은 '의' 발음을 잘해야 한다. 이를 위한 발음 연습문제로 흔히 '民主主義의 意義'를 든다. 정확한 발음은 '민주주이에 의이'이다. 호남 출신은 '민주주으 으으'라고 발음하지 않도록 하자. '약하다'를 '야가다', '못해'를 '모대'로 발음하는 경향도 주의하자.

5. 통역사의 지능

통역사가 통역하는 모습을 보고 "머리가 좋아야 하겠다"고 말하는 사람들이 있다. 맞는 말이다. 둔한 머리로는 통역을 할 수가 없다. 통역사가 "눈치가 빨라야 한다"는 말도 머리가 좋아야 한다는 말과 일맥상통한다. 연설을 하는 각계 전문가를 통역하려면 그의 머리 위에 올라 앉아야 하고, 그러기 위해서는 적어도 그와 같은 수준의 지능은 갖추고 있어야 한다. 어차피 그 전문 분야에 대한 지식은 통역사가 연사보다 우월할 수는 없을 테니까...

6. 통역사의 기(氣)

통역이란 서비스 직종이고 적게는 1명에서 많게는 수 억 명(위성 중계 TV 통역의 경우)을 상대로 남의 말을 다른 말로 옮겨주는 작업이기에 일종의 압력(performance pressure)을 동반한다. 특히 거의 매번 새로운 주제와 새로운 청중을 상대해야 하는 프리랜스 통역은 매번 자신의 능력을 증명하면서 고객들을 감동시켜야 한다. 사람에 따라 이 압력이 견딜 수 없을 정도로 큰 사람이 있고 오히려 적당히 즐기면서 잘 견뎌내는 사람도 있다. 물론 후자가 통역사의 자질을 갖춘 사람이다. 적당히 공포증이나 설렘을 느껴야 좋은 통역을 할 수 있다고도 한다.

통역을 할 때마다 어김없이 찾아오는 이 압력을 이기려면 어떻게 해야 할까? 답은 통역사가 자신의 기(氣)를 살려야 한다는 것이다. 통역사의 기가 청중의 기를 누르지 못하면 청중을 이해시킬 수 없다는 얘기다. 사계의 전문가들이 모인 국제회의에서, 어찌 보면 유일한 비전문가인 통역사가 기가 죽어 자신감이 없는 목소리로 통역을 하게 되면 신뢰감을 줄 수 있겠는가? 회의 전 충분한 연구와 준비를 하여 통역 부스에 앉아서는 자신감에 찬 목소리로 최선을 다해 통역해야 한다.

통역사는 연사의 머리맡에 올라앉아 있어야 한다. 연사가 할 연설의 내용을 충분히 예상할 만큼 충실한 준비와 연구를 하고 나면 연사가 다음에 할 말이 무엇인가를 예상(anticipate) 할 수 있게 된다. 그래서 연사의 기를 누르며 그가 하는 말을 기다렸다는 듯 받아 쳐야 한다. 흔히 있는 경우지만 연사의 말이 예상보다 훨씬 어려울 때, 통역사는 기를 살려 이를 이겨내야 한다. 그런 순간이 몇 분을 지나 몇 시간이나 계속되면 자꾸 기가 죽으면서 등골에 땀이 흐른다. 필자는 후배들에게 "이 통역을 끝내고 죽어버리겠다"는 기개로 통역하라고 강조한다.

통역사는 또 천(千)의 얼굴을 가져야 한다. 대통령을 통역할 때는 대통령의 경륜을 흉내내야하고 컴퓨터 전문가를 통역하려면 그런 기술자가 되어야 한다. 남자 통역사가 여성연사를 통역하려면 여성이 되고, 여자 통역사가 남성 연사를 통역하려면 남자가 되어야 한다.

통역을 잘하기 위해서는 통역사의 여러 가지 자질이 필요하지만 무엇보다 중요한 것은 통역사의 감투 정신(fighting spirit) 이다. 아무리 어려운 여건 속에서도 자신이 맡은 통역을 책임지고 완수하겠다는 정신, 그 목적을 위해 산이라도 옮길 수 있다는 기백이 필요한 것이다. 그렇게 하늘을 뚫을 듯한 기가 없이는 끝까지 통역을 할 수도 없다. 회의장에 모인 청중을 바라보면서 '내가 없으면 저들은 길 잃은 양' 이 된다는 사명감으로 무장해 임무를 완수해야 한다. '나 때문에 저 사람들이 모두 길을 잃어 회의가 실패로 끝날 지도 모른다' 는 압력으로 더 기가 죽어 통역을 포기하는 일이 있어서는 안될 것이다.

7. 성별(性別) 차이

약 20년 전 한국외대에 통역대학원이 설립되었을 때 신입생의 성비(性比)는 거의 50:50이었다. 20년이 흐른 지금 그것은 90:10 정도로 여학생이 많고, 통역 시장의 통역사는 거의 100% 여성이라 해도 과언이 아니다. 왜 그럴까?

첫째, 태어날 때부터 여성이 남성보다 언어 감각이 더 뛰어나기 때문에 통역이라는 직업도 여성에 더 적합하다고 볼 수 있다. 한국외대 통번역대학원의 경우 지난 20년간 수석 입학과 수석 졸업을 거의 여학생이 차지했고, 통역 시장에 남아있는 고참들도 거의 모두가 여성들이다. 전통적 직업관에 의해 남성이 통역 일에 쉽게 싫증이나 회의를 느끼는 반면 취업의 기회가 적은 여성들은 통역이라는 직종에 만족하는 경우가 많기 때문이다. 다른 직업을 택한다 해도 통역만큼 단위 시간당 보수를 많이 받는 경우가 드물고 다른 직장을 찾는다 해도 승진이나 발전의 가능성이 남성보다 크지 않기 때문이다.

일터가 주로 특급 호텔 등의 국제회의장이고 회의 시간도 오전 9-10시부터 시작해 오후 5-6시까지가 보통이며 상관이나 타인의 지시나 간섭 없이 일할 수 있으니 여성에게 통역보다 좋은 직종을 찾기란 당분간은 쉽지 않을 것이다. 최근 외교관, 법관, 심지어 사관학교에서까지 여성들이 두각을 나타내고 있지만 통번역은 진작부터 남성이 여성을 따라가지 못하는 분야였다.

둘째. 앞서 말했듯이 통역이란 철저한 서비스 직종이기 때문에 고객은 여성의 서비스를 받는 것을 더 좋아한다. 특히 남성 고객들이 여성 통역사의 고운 목소리로 통역 서비스를 받고 싶어하는 것은 당연하다. 최고의 남성 고객이랄 수 있는 대통령마저도 이제 여성 통역사가 더 많이 통역하고 있는 것을 볼 수 있다. 박정희, 전두환, 노태우, 김영삼 대통령까지는 남성인 의전 수석이나 비서관들이 통역을 하면서 “각하 말씀을 어떻게 여성이 감히?”라는 분위기가 있었다. 그러나 김대중 대통령부터는 사정이 달라졌다. 이는 여성이 아무래도 남성보다 정치성이 약해 서로 부담 없이 통역을 주고 받을 수 있기 때문이기도 할 것이다. 고위 정치인이나 기업 총수들도 여성 통역사를 당연시한다.

셋째, 우리의 전통적 직업관 때문이다. 우선 남성은 가장으로서 번듯한 직장이 있어야 한다는 관념이 있는데 회의 통역사는 자유 직업, 즉 프리랜스다. 통역 대학원을 나온 남학생들은 실력을 발휘할 수 있는 직장을 갖지 않고 여성 동료들 틈에 끼어 통역 일을 기다렸다 하는 것을 참지 못하는 것이다. 그래서 프리랜스하는 것보다 더 적은 봉급을 받더라도 월급이 꼬박꼬박 나오는 고정직을 찾아 떠나기 때문에 통역 시장에 남성을 찾아보기 힘들다. 또 통역을 의뢰하는 발주처에서도 으레 여성을 기대하고, 남성 통역사가 나타나면 희귀동물을 보듯 놀라기까지 한다. 반면, 어느 조직에 전문적 통역으로 들어갔다가 일반직으로 전향하는 경우도 점점 늘어가고 있다.

넷째, 통역이란 남의 말을 가감 없이 그대로 전달하는 것이기에 일반적으로 남성보다 고지식하고 정직한 여성이 더 능력을 발휘할 수 있다. 테니스나 골프를 배울 경우 남성보다는 여성이 코치의 지시를 그대로 따라 단시간에 더 많은 발전을 하는 예와도 일맥 상통하는 것이다.

그렇다고 통역사를 지망하는 남성이 지레 부정적 판단을 내려 공부를 포기할 필요는 없다. 남성 통역사가 필요한 경우가 있고, 프리랜서로 일하지 않아도 어떤 조직에서 통역이라는 능력을 발휘할 수 있으니 취업의 기회가 넓기 때문이다. 아직 방송 등에서는 남성 출연자에 맞는 남자 통역사를 찾고 있고, 직장에 취직하는 경우 언어 전문가로서 조직의 일원이 될 수 있는 가능성은 충분하다. 또 사람에 따라 여성보다 더 언어감각이 뛰어나고 말을 사랑하는 자질을 타고나는 남성도 있다. 남성 통역사는 '희귀성'의 원칙에 따라 그 가치를 더욱 높이 평가 받을 수도 있다. 다 '하기 나름'인 것이다.

8. 통역 지망생의 아르바이트

학부 때부터 자신의 전공 외국어를 살려 학비를 버는 학생도 많지만 지나치면 좋지 못한 결과를 볼 수도 있다. 통번역대학원에 입학해서도 학부 때 하던 아르바이트를 계속하는 학생도 있는데 그 일감의 수준과 대가가 너무 낮으면 바람직하지 못하다. 통번역대학원 지망생이라면 아르바이트 일감을 가려서 해야 한다. 전문 통번역사 요율의 1/10에도 못 미치는 대우를 감수하면 영원히 그 수준을 벗어나지 못한다. 또 푼돈을 버는 재미에 빠지면 오랫동안 거기서 벗어나지 못하고 고급 통번역으로 뛰어오르지 못하는 수도 있다. 따라서 학비를 버는 정도만 아르바이트를 하고 전문 통번역을 할 수 있는 실력을 기르는 일에 정진하기 바란다.

AIIC의 조언

다음은 제네바에 본부를 둔 국제회의 통역사 협회(AIIC)에서 전세계 통역사 지망생들에게 보내는 우정 어린 조언이다. 우리 실정에 맞게 요약 번역하였다.

- 회의 통역사 지망생들에 주는 조언

우리는 커뮤니케이션의 시대에 살고 있다. 국제교류는 증가일로에 있으며 다양한 배경과 문화를 가지고 다양한 언어를 말하는 사람들이 경제, 정치, 법, 문화, 기술 등 모든 문제를 토론하기 위해 만나는 횟수도 늘고 있다. 진정한 의사소통이 이루어지기 위해서는 사람들이 자신의 언어로 그들의 의사를 말할 수 있어야 하는데 이때 자신의 말이 이해될 수 있을 뿐 아니라 다른 사람이 하는 말을 이해할 수 있다는 확신을 가져야 한다.

회의 통역사들은 바로 이를 위해 필요한 것이다. 그들의 역할은 다언어 의사소통을 용이하게 하는 문화간 연결고리로 활동하는 것이다.

그러나 회의 통역이란 정확히 무엇을 말하며, 실제로는 어떻게 이루어지는지, 어떻게 통역사가 되는가를 알아보자.

1. 회의 통역이란?

연설의 통역은 한 단어 한 단어를 번역하는 것이 아니다. 원 언어로부터 연설을 통역하는 것은 그 연설의 의미(어의)적, 함축적, 심미적 내용을 다른 언어로 옮기는 것인데, 그 목적을 위해 제2, 혹은 "목표" 언어의 어휘(어구)적, 구문론적, 문체론적 자원을 사용하는 것이다. 통역이란 것은 무엇보다 의도된 말 뜻을 완벽하게 이해하는 것이다. 그 연후에 원어로 그 뜻을 전달하기 위해 사용된 말들로부터 "떨어져" 그 모든 묘미 속에서 목표 언어의 단어로 재구성될 수 있는 것이다. 통역이란 서로 다른 사고 방식과 문화적 세계의 사이를 간단없이 왕복하는 것이다.

- 통역에는 두 가지 방식이 있다.

- 동시통역: 회의장에 설치된 부스 안에서 이어폰으로 연사의 연설을 듣는 동시에 마이크로 통역해 청중이 역시 이어폰으로 실시간에 듣도록 하는 것으로 집중적인 정보처리 임무라고 할 수 있다. 보통 동시 통역사는 6시간에 65 쪽 타자 분량을 처리한다는 계산이 나온다.

- 순차통역: 연사의 옆에서 연사의 말이 끝나고 이를 다른 말로 통역하는 연속 작업으로 자신이 연설하듯이 하는 통역이다.

2. 통역사의 직업적 위치

- 프리랜스(free lance): 어느 기관이나 조직에 고용되는 것이 아니라 회의가 있을 때 요청을 받고 나가 일하는 통역사이다(self-employed). 유능한 통역사로 인정받는데 몇 년이 걸리지만 인정받고 나면 동료나 기관에서 계속 지명하기 때문에 유리하다.

- 고용 통역사(staff/permanent interpreter): 어느 조직이나 단체로 보통 full-time으로 고용되어 전속으로 통역하는 사람들을 일컫는다. 고용상태나 나이,

성에 관계없이 같은 책임을 이행하며 안정된 생활을 할 수 있는 이점이 있다. 한국에서는 일반적으로 고용 계약을 통해 6개월부터 몇 년까지 일하기 때문에 '계약직' 통역사로 불린다. 지난 1999년에는 한국 기업들에 구조조정 바람이 불어 외국에서 온 컨설턴트들을 몇 달 동안 수행 통역할 통역사가 동이 나기도 했다.

3. 회의 통역과 실무 언어

- 모국어(mother tongue): 태어나서 어머니한테 배운 말로 그 언어로 공식적인 교육을 받아 완전히 편안함을 느끼는 언어(formally educated & feel completely at ease)

- B 언어(B language): 모국어가 아닌 제1외국어를 말하며 완벽한 구사 능력(perfect command)이 있어야 한다.

제 2 능동언어(second active language)라고도 하며 모국어는 아니더라도 수년간의 근면한 학습 후에 해당국가에서 오래 체류하며 많은 세월 기술적 토론 통역을 해본 결과 완벽한 어조나 매우 미묘한 의미 파악은 불가능하다 해도 정확한 어휘를 구사할 수 있는 언어, (if not mother tongue, years of hard work & frequent stays, many years of practice of technical discussions; lexical accuracy is more important than style or very discrete shades of meaning)

- 수동적 언어(passive language): C 언어라고도 하며 완벽히 이해할 수 있는(complete understanding) 정도의 제3의 언어를 말한다.

- working language(실무언어 혹은 회의 언어): 회의에서 공식적으로 사용되는 모든 언어로 통역사의 입장에서 볼 때 언어조합(language combination)이라는 말도 쓴다.

만약 통역사의 언어 조합이 영어, 불어, 러시아어라면 그 통역사는 러시아어를 불어, 또는 영어로 통역하고 영어를 불어로도 통역(순차)할 수 있어야 한다. 그러나 동시통역은 불어나 러시아어에서 영어로만 통역하는 것이 원칙이다.

4. 시 장

- 정부나 기업(gov't or corporate level)에서 통역사를 고용할 수 있고, 조직/단체에서 혹은 개인적으로(institutional & private markets) 고용할 수도 있으며 비정부 부문에서도(non-governmental sectors) 고용이 이루어진다.

- 능동언어(active language)
  서구에서는 주로 영어, 불어, 독어에다 유럽 연합 회원국인 덴마크, 화란, 핀란드, 그리스, 이태리, 포르투갈, 스페인, 스웨덴어가 능동언어가 되어 통역시장을 이루며 불어나 영어에서 스페인, 포르투갈, 이태리 어로 통역하는 회의는 적기 때문에 독어라도 해야 시장성이 있다.

- 수동언어(passive langauge)
  수동언어는 보통 통역사가 듣기만해 능동언어로 통역하는 언어를 말하지만 한국인 통역사는 외국어를 한국어로 통역하는 것 외에 한국어를 모르는 청중을 위해 한국어를 외국어로도 통역해야 한다. 이를 "return"이라고 하며 능동언어로 통역할 뿐 아니라 같은 부스에서 능동언어를 다른 언어로 통역하는 것을 말한다.

최근 영어가 점점 더 중요해지면서 표현의 매개언어(a medium of expression)가 되고 있다. UN 소속 기구나 단체(UNO)에서는 아랍어, 중국어, 영어, 불어, 러시아어, 스페인어가 공식 언어가 되어 많은 통역사를 고용한다.

5. 통역사는 태어나는가

통역사 훈련 과정이 없던 시절 '통역사는 태어난다' 고(Interpreters are born, not made.) 했지만 세계 곳곳에 설립된 통역 훈련 전문 학교에서는 이제 '통역은 마스터할 수 있는 재능' (Interpretation is a gift that can be perfected.)이라고 한다. 통역사가 되려면 지식과 적성이 필요하고 탄탄한 언어적 기술 위에 넓은 지식 기반을 갖추어야 한다. 이를 도식화하면

- 실 력
  - ㅁ 능동언어 complete mastery
  - ㅁ 수동언어 in-depth knowledge
  - ㅁ 학사학위
  - ㅁ 탄탄한 일반상식 + 시사 이해

- 적 성
  - ㅁ사실을 분석하고 유추하는 능력과 직감
  - ㅁ 연사/상황/주제에 속히 반응하고 지체 없이 적응하는 능력
  - ㅁ 집중력
  - ㅁ 평균이상의 육체/정신적 지구력
  - ㅁ 유쾌한 음성 + 대중 연설력
  - ㅁ 고도의 지적 호기심
  - ㅁ 지적인 건전성
  - ㅁ 요령과 외교

통역사의 최고의 보람은 청중이 연사와 통역사가 한 사람이고 같은 사람인 것처럼 반응하는 것을 보는 일이다.

(An interpreter's finest reward is to see the audience acting as though the speaker and the interpreter were one and same person.)

6. 학교와 훈련

통역 훈련 과정을 마친 학생이 졸업 시험에 떨어져 일정 기간 후 재시험을 볼 때는 졸업시험 과목 전체를 다시 보도록 해야 한다. (In the event of a re-sit, all parts of the final exam should be attempted.) 그러나 많은 통역학교에서는 행정과 시간 편의상 낙방한 과목만 보도록 하고 있다.

국제 통역사 협회는 국제적으로 통역사들을 대표하며 그들의 권익을 보호한다. (AIIC represents interpreters internationally and defends their interests.) 현재 60여개 국가의 통역사 3,000여명이 AIIC에 가입해 있다.

곽중철의 통역 강의록

- 학부에서 대학원까지

통역 입문 전 준비 과정

1. 통역은 왜 어려울까?

구약의 창세기에 나오는 '바벨탑' 이야기를 보자. 창세기(Genesis) 11장(구약 12쪽)에 나오는 바벨탑(The Tower of Babel) 이야기는 다음과 같다.

* * * * * * * * * * *

Now the whole world had one language and a common speech. As men moved eastward, they found a plain in Shinar and settled there.

They said to each other, "Come, let's make bricks and bake them thoroughly." They used brick instead of stone, and tar for mortar. Then they said, "Come, let us build ourselves a city, with a tower that reaches to the heavens, so that we may make a name for ourselves and not be scattered over the face of the whole earth."

But the Lord came down to see the city and the tower that the men were building. The Lord said, "If as one people speaking the same language they have begun to do this, then nothing they plan to do will be impossible for them. Come, let us go down and confuse their language so they will not understand each other." So the Lord scattered them from there over all the earth, and they stopped building the city. That is why it was called Babel--because there the Lord confused the language of the whole world. From there the Lord scattered them over the face of the whole earth.

* * * * * * * * * * *

처음에 온 세상은 하나의 동일한 언어를 사용하였다. 그런데 사람들이 동쪽으로 이동하다가 1바빌로니아에 있는 한 평야에 이르러 거기에 정착하게 되었다.

그들은 "자, 벽돌을 만들어 단단하게 굽자" 하고 서로 말하며 돌 대신 벽돌을 사용하고 진흙 대신 역청을 사용하였다. 그들은 또 "자, 성을 건축하고 하늘에 닿을 탑을 쌓아 우리 이름을 떨치고 우리가 사방 흩어지지 않도록 하자!" 하고 외쳤다.

그러나 여호와께서는 사람들이 쌓는 성과 탑을 보시려고 내려오셔서 이렇게 말씀하셨다. "저들은 한 민족이며 하나의 동일한 언어를 사용하고 있다. 그래서 저들이 이런 일을 시작하였으니 앞으로 마음만 먹으면 해내지 못할 일이 없을 것이다. 자, 우리가 가서 저들의 언어를 혼잡하게 하여 서로 알아듣지 못하게 하자." 여호와께서 그들을 온 세상에 흩어 버리시므로 그들은 성 쌓던 일을 중단하였다. 여호와께서 거기서 온 세상의 언어를 혼잡하게 하시고 그들을 사방으로 흩어 버리셨기 때문에 그 곳을 '바벨' 이라고 부르게 되었다.

* * * * * * * * * * *

성경의 깊은 뜻을 다 알 수는 없지만 인간의 방자함을 보시고 여러 가지 언어를 만드신 이가 하나님이시다. 즉 하나님은 여러 가지 말, 즉 외국어를 만들어 인간을 흩어지게 한 것이다. 하나님이 인간의 상호 의사 소통을 못하게 하셨는데 감히 중간에서 서로 통하게 해주는 것이 통역이라는 직종이요 통역사라는 인간이다. 극단적으로 말하면 하나님의 뜻을 거스르는 것, 즉 신에 도전하는 것이 통역이 아닌가?

그래서 통역이라는 작업이 하늘의 조화인 날씨를 예보하는 것처럼 어려운 지도 모른다.

"어쨌든 나는 통역사가 되고 싶다"는 사람은 어떻게 준비해야 할까? 일단은 통역대학원에 입학하는 것이 통역사가 되는 첩경이라 할 수 있는데, 그 입학시험이 쉬운 것이 아니다. 전 시간에 소개했듯이 한국외대의 경우 한영과가 경쟁률이 10:1이 넘는다. 지원자 중에는 전국의 1류 대학을 졸업하고 영어라면 자신 있다는 '국내파'가 있는가 하면 외국에서 내로라하는 대학을 나온 '해외파'도 수두룩하다. 그런 경쟁 때문에 서울에는 통역대학원 입시 준비반을 운영하는 학원이 몇 개 있다. 대개 한국외대 통역 대학원의 남자 졸업생들이 강의를 맡고 있다. 그런 학원에서 공부하는 것도 통역이란 무엇인가를 빨리 깨우칠 수 있는 길 중의 하나지만 입시에만 치중하는 공부를 하다 보면 좋지 못한 버릇에 빠지게 되는 단점에 주의해야 한다. 자, 그럼 무엇부터 공부할까?

2. 모국어 점검

통역이란 바로 '외국어 공부'인가? 아니다. 통역 공부는 자신의 모국어를 점검하는 것으로부터 시작해야 한다. 영어가 모국어인 해외파도 더러 있기는 하지만 이 글에서는 필자처럼 한국어가 모국어인 경우에 한정해 얘기를 풀어가고자 한다.

모국어란 mother tongue, 즉 어머니의 말, 우리가 태어난 후 어머니의 품 안에서 배우기 시작한 말이다. 우리는 이 모국어로 세상을 배우고, 생각을 하고 자신의 뜻을 표현하며 상대방의 의사를 이해한다. 즉 모든 정신 생활의 축이 되는 것이 이 모국어이다. 특히 통역이라는 작업은 이 모국어를 중심으로 이루어진다. 이 축, 즉 중심이 흔들릴 때 통역은 불가능해진다.

이 모국어가 흔들리는 사람이 의외로 많다. 외국에서 태어났다거나 모국어에 익숙하기도 전에 외국으로 이사해 너무 일찍 영어를 접한 사람들이 많기 때문이다. 그 영어가 모국어 수준이 되어버렸으면 '영어가 모국어, 한국어가 외국어'로 통역에 유리한 입장이 되는데 그렇지 못하고 모국어가 되어야 할 우리말마저도 흔들릴 때가 문제이다. 그런 사람은 alingual, 즉 모국어가 없는 처량한 경우가 되는 것이다. 그런 사람이 자신의 상황을 깨닫지 못하거나, 통역을 해보겠다고 무리하게 나서는 것은 우리를 슬프게 한다. 그런 사람이 자신은 alingual이 아니라고 강변할 때 우리를 더욱 슬프게 한다.

한국에서 대학을 졸업하기까지 살았으면서도 우리말에 자신을 갖지 못하는 사람도 많다. 우리나라 학교의 말하기 교육이 잘못되어 있기 때문이다. 이제는 대학 입시에서 논술 시험도 치르지만 말하기 교육은 거의 없다고 해도 과언이 아니다. 우리 학생들이 해외 유학을 가서 가장 먼저 지적 받는 것이 '말에 논리가 없다'는 것이다. 남 앞에서 말하는 연습을 해보지 않은 사람이 외국에서, 그것도 외국어로 말할 때 논리적이 되기란 쉬운 일이 아닐 것이다.

우리말에 '아' 해 다르고 '어' 해 다르다는 말이 있다. 한국어가 모국어라면 바로 '아' 해 다르고 '어' 해 다름을 확실히 알아야 한다. 그것이 바로 진정한 모국어의 수준이다. 모국어에서 그것이 구별되지 않는 사람이 외국어를 정확히 이해할 수 있겠는가? 통역 공부를 시작하려면 자신의 모국어부터 점검하고 다시 시작하는 마음으로 우리말을 갈고 닦아야 한다. 그럼 우리말을 향상시키는 방법에는 어떤 것이 있을까?

우선 아침에 일어나면 조간 신문을 한 개 정도는 숙독하는 것이다. 논술 시험에 대비하는 것처럼 사설도 읽어보고, 그날의 국내외 뉴스를 샅샅이 살펴보는 것이다. '통역하는데 필요 없는 정보는 없다'는 말이 있듯이 시사 등 상식을 늘이는 데 신문 읽기만큼 쉽고 효과적인 방법은 없을 것이다.

물론 통역을 할 때는 통역자의 주장이 일절 들어가서는 안되지만 통역하기 전에는 논점에 대한 자신의 판단을 나름대로 내릴 수 있어야 한다. 자신의 뚜렷한 주장이 있어야 정확한 통역도 나올 수 있게 되는 것이다.

통역공부라고 해서 우리말을 영어로, 영어를 우리말로 옮기기 전에 우리말을 우리말로 옮기는 연습부터 해야 모국어가 향상된다. 한 번 해보라. 처음에는 그것이 결코 쉽지 않음을 느끼게 될 것이다. 어떤 주제에 대해서 자신이 통역사라는 제3자가 아닌, 당사자의 입장에서 통역이 아닌 연설을 훌륭하게 할 수 있는 수준이 되어야 통역을 할 수 있는 모국어 실력이 갖추어짐을 명심하자.

저녁에는 뉴스를 본 후 시사토론 프로그램 등을 지켜보며 전문가들이 자신의 주장을 어떻게 펼쳐나가는지 귀 기울여 듣자. 말 잘하는 사람을 보면 가슴이 뛰지 않는가? 우선 우리말부터 잘하는 사람이 되어야 통역이라는 직종을 넘볼 수 있다. 남의 말을 정확히 알아듣고, 논리적으로 그 말을 내 말처럼 옮길 수 있을 때, 통역을 할 수 있는 길이 열리는 것이다.

* 존댓말을 바로 쓰자

현 젊은 세대는 존댓말 용법에 아주 서툴다. 특히 해외에서 들어와 우리 말에 익숙지 못한 학생들은 무조건 존대 어미를 많이 쓰면 좋은 줄 알고 존대 어미를 남발한다. 그러나 이야말로 과유불급(過猶不及)이다. 수업시간에 동료학생의 통역을 비평해 보라고하면 상대 학생이 자신보다 나이가 많으면 "잘 하셨다, 못하셨다"하며 존대 어미를 붙이는데 이는 잘못이다. 상대 학생이 교수보다는 손 아래이므로 수업 중에는 "잘했다, 못했다"라고 해야 어법에 맞다. 통역할 때도 불요불급한 존댓말은 최소화하는 것이 좋다. 대통령이 연설에 나온다고 해도 대통령이 임명한 공무원이 아닌 사람의 연설을 통역할 때는 "대통령님이 ---하셨다"고 하기보다는 "대통령이 ---했다"고 하면 충분하다. 이는 통역사는 기자와 마찬가지로 공인(公人)이기 때문이다. 최근 백화점이나 병원, 은행 등에서 귀가 아프도록 듣는 아래 말들도 모두 잘못된 존댓말로 다음과 같이 바로 써야 한다.

"이 상품이 좀 더 비싸세요."---"이 상품이 좀 더 비싸요."
"이쪽으로 가시면 나오세요."--- "이쪽으로 가시면 나와요."
"고객님, 처리하는 데 2~3일 정도 걸리세요."--- "고객님. 처리에 2~3일 정도 더 걸려요."
"이 적금이 이율이 제일 높으세요."--- "이 적금이 이율이 제일 높아요."
"손님, 이제 소독약 뿌리실게요." --- "손님, 이제 소독약 뿌려드릴게요."

"아저씨, 말 좀 물어보겠습니다"---"아저씨, 말씀 좀 여쭤보겠습니다."
"아버님, 식사하세요"--- "아버님, 진지 잡수십시오"

"아버지가 편찮으십니다"(손자가 할아버지에게).--- "아버지가 아픕니다."

"주례 선생님 말씀이 계시겠습니다"(결혼식 사회자).---"주례 선생님 말씀이 있겠습니다."

젊은 세대에선 '말씀' '진지' '생신' '연세' '병환' 같은 어휘 자체가 실종된 상태다. '여쭈다' '잡수시다' '주무시다'도 좀처럼 듣기 어렵다. 어법을 제대로 못 배운 채 무조건 높이다 보니 행위나 물건까지 존대하는 사례가 부지기수다. 수업시간마다 주의를 줘도 그 때뿐, 대학원 2년 과정이 끝나도록 고치지 못하는 학생이 많으니 존댓말을 하는 매 순간 긴장해서 과유불급이 되지 않도록 하자. 통역사는 나이가 젊어도 올바른 어법을 써야 나이 지긋한 청중에게도 신뢰를 받을 수 있지 않겠는가?

3. 연설문에 관심을

통역공부는 우리말이든 영어든 연설문을 그 대상으로 해야 한다. 또, 가급적이면 잘 쓰여진 연설문으로 연습을 해야 초기에 통역 실력이 빨리 향상될 수 있다. 연설문은 그 시대의 살아있는 말이다. 사회 각 분야의 내로라 하는 전문가들이, 자신의 지식을 보란 듯이 담아내는 연설문이야말로 최고의 어학 학습교재가 아니겠는가? 그런데 영어로 된 좋은 연설문은 찾기가 어렵지 않으나 우리말로 된 훌륭한 연설문은 참 찾기가 힘들다. 그 이유는 무엇일까?

우선, 아직 우리 사회의 언로(言路)가 완전히 트여있지 않기 때문이요, 아직 우리가 공개적으로 자신의 견해를 발표하는데 익숙치 않기 때문이다. 물론 우리의 말하기 교육이 부실하다는 원초적 원인도 있다. 그런 취약한 언로 속에서 인터넷 정보기술의 발달로 페이스북, 트위터 등 SNS가 갑자기 창궐하니 사회적으로 문제가 터지는 것은 당연한 귀결이라 하겠다.

20년 전 우리말 연설이라면 대통령 연설이 고작이었다. 다른 사람들은 연설할 기회도 많지 않았고, 하더라도 연설문이 공개되는 경우가 적었기 때문이다. 대통령의 연설은 논쟁적이라기 보다는 최고의 위치에서 개괄적으로 사안들을 서술하는 내용이 대부분이다. 세부적인 언급이 많지 않고 국민들에게 젊잖게 훈시조의 말씀을 전하기 때문에 어찌 보면 통역하기 쉽지만 대통령의 품격에 맞는 말과 표현을 찾기가 까다롭다. 또 가끔씩 나타나는 역사적 안목과 통찰력에 주의를 기울여 통역해야 한다.

이처럼 통역 연습을 하기에 좋은 우리말 연설을 구하기가 힘들어 궁여지책으로 일간지에 나오는 논쟁적인 칼럼이나 논설을 연설 형태로 바꾸어 연습대상으로 할 수도 있다. 어쩌다가 눈에 띄는 좋은 연설은 꼭 보관했다가 완전하게 통역할 수 있을 때까지 연습해야 한다. 이런 연설들을 대상으로 통역연습을 하면서, 우리는 행간을 읽어야 한다(read between the lines). 50%는 잘못 쓴 어휘나 표현을 바로 잡아 가면서, 50%는 막힌 언로 때문에 거침없이 말하지 못한 내용이 무엇인가를 유추해가면서... 날로 세계화하는 세상에서 점점 더 언로가 트이고 그에 따라 우리말 연설의 수준도 높아져갈 것이라 낙관하면서 현재로서는 낙후된 연설을 있는 그대로 연습할 수 밖에 없지 않은가?

최근에는 상황이 크게 달라졌다. 정부의 인터넷 사이트를 접속하면 대통령부터 시작해 총리, 외무장관과 차관 등의 연설을 쉽게 볼 수 있다. 그렇지만 문제는 잘 쓰여진 연설문이 많지 않다는 것이다. 고관들의 연설은 대부분 무게만 잡고 있고, 딱 부러진 내용이 없다. 서로를 믿지 못하는 비밀주의 속에서 구름 잡는 소리만 가득하다. 말의 맛을 느낄 수 있을 만큼 감동적인 연설이 드물다. 언로가 막혀 아직까지 눈치를 보며 조심스레 말을 하기 때문이다. "내가 혹시 이런 말을 했다가... 남들이 어떻게 볼까?"하는 면이 많아 안전하고 중립적인 말만 하게 된다.

영어 연설은 연사가 해야 할 말을 똑 부러지게 하는 까닭에 논리적이다. 눈치보지 않고 이것은 이것이요 저것은 저것이라 말하기 때문에 오해의 여지를 적게 남긴다. 그러면 우리가 가장 관심을 가지고 추적해야 할 영어연설을 볼 수 있는 인터넷 웹사이트는 어떤 것들일까?

1. 주한 미국 대사관(http://seoul.usembassy.gov): 누가 뭐래도 영어의 본산은 미국이요, 한국에서의 창구는 미국 대사관이다. 이 사이트에서는 주한 미국 대사의 연설뿐 아니라 그 대사가 소속한 국무부와 국무장관, 대사가 대표하는

미국 대통령과 백악관의 주요 연설을 모두 얻을 수 있다. 한가지, 캣 스티븐즈 전 대사와 성 김 현 대사는 한국어도 하기 때문에 그들의 영어는 한국어의 영향을 받을 수 있다는 가능성을 염두에 두고 연설문을 분석해야 한다.

2. 미 국무부(www.state.gov): 미국의 외교 관련 연설을 모두 볼 수 있다. 특히 힐러리 클린튼 같은 장관의 연설은 미국의 외교를 가늠하는 중요한 지표가 될 수 있다.
3. 백악관(www.whitehouse.gov): 평생 1국의 대통령 연설을 통역하는 경험을 할 수 있는 통역사가 몇 명이나 되겠냐 마는 미국 대통령의 연설은 정점의 연설이요, 국제정치를 움직이는 연설이니 익혀볼 만한 가치가 충분하다.

4. 미 국방부(http://www.defense.gov/): 북한과 대치하면서 미국과의 동맹을 유지하고 있는 우리는 미 국방부 장관 등이 국내외에서 행하는 연설에 깊은 관심을 가져야 하고 특히 그들이 남북한에 대해 무슨 말을 하는 지를 추적해야 한다.

5. 미국 의회(상, 하원): 미국 행정부뿐 아니라 입법부인 상 · 하원에서 미국 의원들이 하는 남북한 관계를 얘기하는 연설은 한국의 통역사들이 통역해야 하는 가장 중요한 연설 중 하나다.

6. 영국 및 호주 정부 사이트: 세계 영어의 또 다른 원천인 두 나라의 영어를 분석할 수 있는 연설문이 나오는 사이트다.

7. 국제기구 사이트: UN과 그 산하기구들의 사이트와 세계은행, IMF 등의 사이트에는 우리나라의 이름이 심심찮게 등장하는 연설이 많다.

8. 다국적 대기업 사이트: Microsoft, Apple 등 정보 기술 기업과 다양한 제약사, 보잉 등 대기업의 사이트는 첨단 분야 관련 연설을 볼 수 있는 장소다. 이

제 정보 기술을 모르고는 현대의 통번역사라 할 수 없다.

9. 비정부기구(NGO): 정부 기구만큼 막강한 영향력을 발휘하는 비정부기구들의 사이트는 다른 시각의 연설문을 소개해 준다.

4. 연설문 고르기

통역 연습은 반드시 연설문을 대상으로 해야 한다. 신문이나 잡지, 서적의 글은 '통역'의 대상이 아니라 '읽기'의 대상이기 때문이다. 필자가 통역을 공부하기 시작했던 20년 전쯤에는 외국어든 우리말이든 연설문 구하기가 쉽지 않았다. 그러나 최근에는 인터넷에서 너무나 많은 연설문을 손쉽게 구할 수 있게 되어 이제는 그중 어떤 연설을 선택할 것인가가 문제가 되고 있다.

한 마디로 말하면 기술적(記述的:descriptive)인 내용보다 논쟁적(argumentative)인 내용을 골라 통역 연습을 해야 한다. 기술적 연설이란 어떤 논지가 있는 것이 아니라 어떤 사안을 서술적으로 설명하는 내용이요, 논쟁적 연설이란 어떤 사안을 두고 논리에 따라 자신의 의견을 제시하는 내용이다. 언뜻 보기에 기술적 내용이 통역하기에 더 쉽게 보일지 모르지만 좋은 통역사에게는 논쟁적 내용이 더 쉽다.

언뜻 생각하면 통역 연습은 복잡한 내용의 서술적 연설이나 컴퓨터나 정보 통신 같은 기술적(技術的) 내용을 먼저 연습해야 하지 않을까 볼 수도 있지만 천만의 말씀이다. 그런 내용이라면 통역의 기초를 닦고 난 후로 미루어도 상관없다. 통역이란 무엇보다도 연사의 논지를 파악하여 전하는 기술이요, 그런 작업이다. 따라서 연설에 나오는 논쟁적 요소들을 추적하여 정확하고 간결하게 전달하고, 연사의 상대역이 그 논지를 반박할 수 있도록 해주어야 한다. 연설의 논지를 추적하는 연습, 그런 훈련은 통역 훈련의 초기에 이루어져야 하고, 그것이 늦어지면 회복할 기회가 없어진다.

다시 말하지만 통역의 주제는 이 세상의 직업만큼이나 많다. 하지만 최근 국제회의 시장을 조사해보면 크게 두 범주로 나눌 수 있을 것 같다. 즉 과거부터 국제회의에서 죽 다뤄왔던 일반적, 혹은 재래적인 주제가 있고, 근래에 등장해 맹렬한 속도로 성장하고 있는 전문적, 혹은 기술적인 주제이다.

첫 번째 범주는 통역사의 입장에서는 의전적인 용어를 많이 구사하는 블라블라(blabla) 성 통역이기 때문에 최근 발전한 분야의 전문지식이나 사전 연구가 비교적 덜 필요한 분야인데 반해 두 번째 범주는 정보 통신, 컴퓨터나 인터넷 등 하루가 다르게 변화하는 분야로 전문지식이나 실제 경험이 없이는 통역이 불가능한 분야이다. 2000년대 이후 시장에 나온 통역사들은 둘째 분야에서 많은 통역 일을 했고 앞으로는 더욱 그럴 것이다.

그러다 보니 통역시장과 학교 강의 등의 분위기가 두 번째 범주에 더 중점을 두는 쪽으로 가고 있다. 그러나 첫 번째 범주를 무시하고 공부를 하지 않는 사람은 결코 두 번째 범주의 통역도 잘할 수 없다. 첫 분야가 통역의 기본이며 통역의 기본기를 닦을 수 있는 분야이기 때문이다.

어찌 보면 첫 분야에서 기본기를 철저히 닦은 통역사라면 첨단 분야의 지식과 용어, 그리고 실제 기기 활용을 해보면 두 번째 범주의 통역은 쉽게 정복할 수 있다. 즉 통역이 있는 그때 그때 약간의 준비만 더하면 되는 것이다. 그러나 첫 번째의 기본기를 제대로 닦아놓지 않은 통역사는 아무리 첨단 분야의 지식과 용어를 갖춘다 해도 훌륭한 통역을 할 수가 없다. 이는 기본기가 부족한 운동 선수가 아무리 기교를 부려도 우수한 성적을 내지 못하는 것과 같다.

코치가 선수에게 "운동이 잘되지 않으면 기초 체력과 기본기를 다져라"고 조언하듯 첨단 분야의 통역이 늘어날수록 학교에서는 일반 분야의 통역 연습을 게을리 할 수 없는 이유가 바로 여기에 있다.

학교에서나 시장에서나 구세대 통역사들은 첫 범주의 통역을 주로 맡고, 신세대 통역사들은 두 번째 범주를 맡는 경향이 있다. 당연한 추세이지만 두 분야 중 하나를 무시해서는 안 된다. 사회의 모든 분야가 그렇듯이 서로의 중요성을 인정하면서 함께 발전해 나가야 한다. 온고이지신(溫故而知新)이란 말이 여기서도 통하는 것이다.

5. 대학원 2년 동안 연설 100편은 완전히 소화해야

매년 한국외대 통번역대학원에 입학하는 한영과 학생 50-60명 중에서 졸업시험 시 동시통역 전공으로 합격하는 학생은 1-2명에 불과하다. 이것은 어찌 보면 당연한 결과이다. 유럽의 역사 깊은 통역 대학원에서도 마찬가지다. 통역이란 그만큼 '2년 만에 완전히 습득할 수 있는' 쉬운 것이 아니기 때문이다. 필자가 20년에 걸친 실무 경험을 쌓고 모교인 대학원에 돌아와 10여 년 강의하면서 2학년 학생들의 졸업 시험까지 치러 보고 느낀 것은 학생들이 더욱 심각하게 통역이라는 공부에 접근하여 기초부터 튼튼히 쌓아 올려야 한다는 것이다.

물론 통역대학원 학생들은 온갖 스트레스에 시달리며 열심히 공부한다. 그러나 그 과정을 나름대로 개성있게 계획적으로 밟아나가 남보다 더 좋은 성과를 올리는 것이 관건이다. 그중 하나가 연설을 공부할 때 수박 겉핥기 식으로 많은 연설을 섭렵하기 보다는 좋은 연설을 하나라도 몇 번씩 연구, 분석하고 연습해 완전히 소화하라는 것이다.

수업 시간에 교수들이 선정하는 연설은 그 시점에서 최고의 연설이다. 이 연설을 수업 시간에 한 번 다뤄보는 것으로 만족해 수업이 끝나면 잊어버릴 것이 아니라 완전히 소화해 완벽한 통역을 할 수 있을 때까지 공부하라. 그렇게 소화한 연설이 100개는 되어야 튼튼한 기초를 쌓고 질 높은 통역을 할 수 있는 능력이 배양된다고 확신한다. 아무리 쉬워 보이는 연설도 읽으면 읽을수록 배우고 얻는 것이 많다는 것을 알게될 것이다.

6. 통역비평의 원칙

통역 연습을 시작하게 되면 통역한 학생의 동료들은 그에 대한 우정 어린 비평(critique)을 가해 그 학생이 자신의 부족했던 점들을 깨닫고, 그것을 다음에는 고칠 수 있도록 도와준다. 통역대학원에서 동료학생과 교수진이 가하는 이 비평이야말로 통역대학원을 최고의 대학원으로 만드는 비결이다. 이런 비평을 견뎌내고 졸업해 사회에 나가는 사람은 주위의 비판을 이겨내고 당당한 사회의 일원이 될 수 있다. 그것이 통역이든 번역이든 기자이든 자기가 맡은 일을 주관을 가지고 밀고

나갈 수 있게 된다. 학교에서 비판을 받고 자기 성찰을 하는 과정이야말로 통역대학원 졸업생을 사회의 유능한 일꾼으로 만들어준다..

그런 비평은 '전체에서 세부 사항(details)으로'가 원칙이 되어야 한다. 즉 통역한 부분 전체를 놓고 봤을 때 그 의미가 어느 정도 전달이 되었는가, 전달하는 방식은 무리가 없었는가, 내용이 반대로, 혹은 잘못 전달된 부분은 없었는가, 전체적으로 듣기에 어렵지 않았는가를 우선 평가한 후 세부적으로 미진했던 부분, 틀렸던 부분, 빠진 부분을 지적해줘야 한다. 전체적인 평가는 하지 않고 사소한 부분만 물고 늘어지는 것은 나쁜 비평법이다.

누가 노래를 한 곡조 불렀을 때, 전체적으로 잘한 노래인가를 먼저 평가한 후에 음정이나 박자가 잘못 되었던 부분을 지적해주는 것과 마찬가지다. 듣고 난 후 기분이 좋은 노래는 사소하게 몇 군데 틀린 부분이 있었어도 크게 문제가 되지 않는다. 통역도 마찬가지다. 우선 숲을 보고 난 후 나무를 보란 얘기이다.

통역에서 가장 중요한 것은 그 내용의 근간이 잘 전달되었느냐의 여부이다. 논지의 큰 줄기는 사라지고 사소한 세부 사항만 늘어놓는 통역은 결코 통역이 아니다. 비평을 할 때도 이를 먼저 판단하고 지적해 주어야 한다. 좋은 연설과 함께 좋은 비평은 동료 학생의 실력을 부쩍 늘게 해줄 수 있다.

7. 통역사의 기본기

통역사가 되기 위한 공부는 끝도 한도 없다. 통역에는 특정한 분야가 없기 때문이다.

인간사 모든 분야가 통역의 대상이 될 수 있다. 따라서 통역사가 되기 위해 무엇을 공부할까, 어느 분야를 공부할까라는 질문은 부질없는 것이다.

물론 우선 모국어와 외국어를 더 잘하기 위해 노력해야 하지만 통역은 말장난이 아니라 의미의 전달이기 때문에 모든 분야를 이해할 수 있는 만물 박사가 되어야 한다.

바로 이 점이 통역 공부를 어렵게 하고 스트레스를 가중시키는 원인이 된다.

실제로 통역 공부를 하는 사람들 중 일부는 "대학 다닐 때 이만큼 공부했으면 박사 학위를 몇 개 땄든지 고시에 몇 번 붙었을 것"이라는 소회를 피력한다. 박사 학위를 얻으려면 일단 특정 분야를 파고 들어 밤새 공부하면 되고, 고시 공부도 우선

정해진 시험 과목을 죽어라 익히면 되지만 통역 공부는 그렇지 않다. 정치, 경제, 사회, 문화, 과학, 기술.... 도대체 끝이 없는 것이다.

통역 공부의 또 한가지 특징은 항상 신체와 정신의 건강을 함께 유지해야 한다는 것이다. 밤새워 공부한 다음 날은 피로해서 통역이 되지 않는다. 어떤 주제를 놓고 통역을 한다고 했을 때 밤새워 관련 자료를 공부하다 잠을 못 자고 나온 사람보다는 차라리 잠시 자료를 살펴보고 충분한 수면을 취한 후 나온 사람이 훨씬 더 잘할 수 있는 것이 통역이다. 열심히 공부하면서도 육체적, 정신적 건강을 유지하는 것이 그래서 중요하다. 실제로 필자는 방학에 들어가는 학생들에게 "방학 동안 무리해서 공부하지 말고 매일 아침 조깅이나 수영 등으로 건강을 다져놓고 적당히 공부하는 것이 좋다" 고 조언한다.

통역사가 된 후에도 공부는 계속된다. 날마다 다른 주제의 회의를 통역하기 위해서는 날마다 새로운 공부를 해야 한다. 이 점을 명심하고 이번 기사에서는 통역사의 말공부, 즉 모든 주제의 통역에 밑거름이 되는 말공부에는 어떤 것이 있을까를 검토해보자.

통역사는 말을 밑천으로 하는 직업이니만큼 말의 마술사가 되어야 함은 이미 말한 바 있다. 말의 마술사가 되기 위해서는 '말 많은' 사람이 되기보다는 가장 짧고도 쉽게 의미를 전달할 수 있는 '촌철 살인'의 기술을 배양해야 한다. 말의 마술사는 그냥 되는 것이 아니다. 밑천을 마련하고 계속 보강해 나가야 한다. 통역사의 말솜씨의 밑천이 되는 분야에는 어떤 것이 있을까? 우선 회의에서 많이 쓰이는 말, 의례적인 말, 즉 블라블라(blabla)야 말로 통역사들이 통달하고 있어야 할 분야이다.

- 첫째, 감사의 표현이다.

대부분의 연설은 감사의 표현으로부터 시작한다. 초청해주어서 감사하다. 연설할 기회를 주어 고맙다. 환영과 환대에 감사한다 등의 표현을 말한다. 이 감사의 표현을 여러 가지로 익혀놓았다가 상황에 따라 우아하게 풀어놓는 것이다. 말 한 마디로 천냥 빚을 갚겠다는 듯이... 물론 감사의 표현은 셀 수 없이 많다. 가장 기초적인 것만 몇 개 예로 들자.

Thank you very much for....
I would like to thank you for...
Let me express my special appreciation for...
I feel greatly indebted for....
My thanks should go to...

- 둘째, 축하와 칭송의 표현이다.

연설문의 서두에서 빠지기 힘든 것이 상대방을 축하하고 칭송하는 표현이다. 우리는 남을 축하하고 칭송하는데 익숙하지도 않고 인색한 편이지만 서구인들은 특히 미국인들은 그렇지 않다. 확실하게 축하하고 칭찬한다. 비근한 예로 아카데미 상 등 각종 시상식을 보라. 수상자들을 띄워주는 그들의 표현은 한 마디로 예술이다. 눈물이 핑 돌 정도로 감동을 주는 표현들을 유감없이 구사한다. 그 표현들을 익히고 자기 것으로 만들어야 한다.

I would like to congratulate you on...... from the bottom of my heart.
I wish to pay highest tribute to....
You deserve our special admiration....
He has become a beacon of hope of our society.

- 셋째, 회의에 불참한 고인(죽은 사람)에 대한 애도의 표현이다.

이차크 라빈 전 이스라엘 총리나 다이애나 전 영국 왕세자비의 장례식 등에서는 물론 처음부터 끝까지 추도사가 흘러나오지만 일반 회의에서도 지난 회의가 끝난 후 유명을 달리한 인사들에 대한 애도의 표현이 나오는 경우가 있다. 이에 대비해 언제든 구슬픈 애도의 표현을 쓸 수 있는 준비를 하는 것이 통역사의 직분이다.

I should express my sincere condolences to the bereaved families of .....
I deeply regret the sudden and tragic death of our beloved friend....
Whatever I say now about the memories of my grandfather here,
you will never be able to understand what a good grandfather he was

to me. (라빈 총리 손녀의 조부 추모사 중)
Words cannot express the sorrow I felt on the death of....

추도사 예:

Remarks at Signing of the Condolence Book for Former Korean President Roh Moo-hyun
Remarks by Hillary Rodham Clinton, Secretary of State
Republic of Korea Embassy, Washington, DC
May 28, 2009
I am honored to be here on behalf of President Obama and the American people to offer our condolences not only to the family but to the people of Korea. President Roh's dedication to democracy and human rights are two values that the United States and the Republic of Korea share. We are grateful for his life and his leadership. I know this is a very sad moment for the people of Korea, and we share that sadness with you.
Our alliance, our partnership, and our friendship is as strong as ever, and we look forward to continuing the legacy of a man who gave his all to the service of his country. Thank you very much.

- 넷째, 맺음말이다.

연설을 시작할 때는 First of all..., Let me begin by saying...등으로 운을 뗀 후 연설의 본문에서 자신의 의사를 분명히 표현한 후 결론을 말하고 연설을 끝맺는 표현도 익혀야 한다. '끝으로'라는 말은 Lastly가 가장 쉬운 표현이지만 조금 멋을 내어 Last but not least(마지막이지만 똑같이 중요한 말은)라고도 하고 Let me close by saying that...이라고 쓰기도 한다. 맥아더 장군이 미 의회 연설에서 "Old soldiers never die. They just fade away."라고 긴 여운을 남겼듯이 연설을 인상적으로 마칠 수 있는 표현들을 익혀두면 좋을 것이다.

• 다섯째, 오역(誤譯)에 유의하자

다음 기고문은 필자가 한미 외교행사에서 자꾸 오역이 말썽이 되는 이유를 분석하고 대책을 제시한 것으로 이 기고문이 번역되어 주한 미 대사관의 요로를 거쳐 워싱턴의 국무부에 전달된 후 심각한 오역 사태는 잦아들었음에 자부심을 느낀다. 특히 몬트레이 통역대학원을 거쳐 이화여대 통역번역대학원 교수가 된 여성이 현재 워싱턴 국무부 통역으로 특채된 계기를 제공한 기사다.

[내 생각은…] 한 · 미 정상 망신시킨 미국 통역사 [중앙일보] 2006.10.10

미국 최고위 관리들의 영어 발언이 한국어로 잘 통역되지 않은 것은 어제오늘의 일이 아니다. 지난해 7월 방한한 콘돌리자 라이스 미 국무장관이 반기문 외교통상부 장관과 회담한 뒤 한 기자회견에서 미국에서 데려온 여성 통역사가 팔레스타인 당국(authorities)이라는 말을 권위로, 비핵화 선언을 비핵화 동맹으로 옮기자 기자단에 동요가 일어났다. 게다가 라이스 장관의 발언을 다 옮기지 않거나 중요한 부분을 누락하자 많은 신문이 이를 기사화했다. 지난달 14일 워싱턴을 방문한 노무현 대통령이 백악관에서 기자회견을 했을 때 새로 고용된 미국 측 남성 통역사도 나을 것이 없었다. 금방 눈치챌 수 있는 오역이 없어 기사화되지는 않았지만 녹화 테이프를 자세히 들어보면 조지 W 부시 대통령의 말 가운데 제대로 통역된 게 거의 없었다. 몇 가지만 보면 우선 한미 관계는 강하고도 매우 중요한 관계라는 첫 발언을 강력한 … 그런 관계라고 얼버무렸다. 제일 심각한 것은 부시가 미국이 한반도 안보에 변함없는 의지를 갖고 있다(committed)는 메시지를 전했지만 미국 정부는 한반도의 안보에 책임을 여전히 지고 있다는 메시지로 전달된 점이다. 큰 오해를 불러일으켰을 수도 있는 오역이었다. 이어서 전시작전통제권 이양 시기 문제를 잘 해결하라고 럼즈펠드 국방장관에게 당부했다는 말은 미국 국방장관과 한국의 상대가 적절한 날짜를 잡기로 결정했다고 통역됐다. 전시작전권 관련 발언이 그렇게 느슨하게 전달돼서는 안 됐다. 또 저 기자가 노 대통령께도 질문했느냐는 부시의 질문을 통역은 질문에 대한 답변이 되었느냐고 전했다. 이에 노 대통령은 부시에게 "대답을 잘하셨습니다"라고 했고, 한국 측 통역은 이를 영어로 통역했다. 부시는 얼떨결에 다른 사람들도 모두 그렇게 생각해 주면 좋겠다고 까지 나갔다. 외국인 기자들이 이런 어색한 장면에 와-하고 웃어버렸으니 두 정상이 망신을 당했다고도 볼 수 있다. 평화적 해결을 바라는 5개국을 평화적 동맹의 5개국, 핵무장 국가의 위협 인식을 핵무기 확인, 김정일이 핵무기 계획을 포기하면 더 좋은 길이 있다는 것을 제(부시)가 하는 것이 최선의 방법이라고 엉뚱하게 옮겼다. 심지어 6자 회담을 통해 북한에 전달한 메시지는 6자 회담을 통해 해결해야 한다는 메시지로 둔갑했다. 지난해 라이스 장관 발언의 오역 후 우리 외교부에서 미국의 통역은 영원한 숙제라고 토로했지만, 문제는 미국 정부가 통역 문제를 심각하게 여기지 않는 데 있다. 미국 제일주의, 영어 제일주의에서 나온 무심함을 버리지 않는 한 오역은 계속될 것이다. 미국 내에서 실력과 경험을 겸비한 한국 출신 미국 시민권자를 찾지 못한다면 관례를 깨고 차라리 주한 미국 대사관에서 통역사로 근무하는 통역대학원 출신들에게 통역을 시켜야 비로소 문제가 해결될 것이다.

• 여섯째, 첫 꼭지가 중요하다.

시작이 반이라는 말처럼 통역도 첫 꼭지가 중요하다. 실제통역에서도 청중은 첫 꼭지 통역으로 통역사의 실력을 가늠한다. 특히 통역대학원의 각종 통역 시험에는 연설의 첫 부분이 나오기 때문에 첫 꼭지를 망치면 시험에 붙기 어려워진다. 연설의 중 · 후반부는 앞부분을 참고할 수 있어 쉬워질 수도 있으나 첫 부분은 오롯이 통역자의 정신집중으로 낯선 내용을 파악해 옮겨야 하기 때문에 부담이 크다. 따라서 수험생들은 시험 직전 제공되는 연설 제목과 연사이름, 날짜, 고유명사와 전문 용어, 연설 장소와 청중이 누구인지 등을 보는 5-10분 동안 긴장해 온갖 상상력으로 연설의 방향과 내용을 추측해야 한다. 연설 제목으로 어떤 내용이 나올 지, 연사이름을 보고 어떤 방향과 논리로 말을 할 지, 고유명사와 전문 용어를 보고 연설의 세부 사항을 상상해야 한다. 연설의 날짜를 보고 어디까지 얘기를 할 지, 장소와 청중을 보고 어떤 식으로 얘기를 풀어갈 지를 예측해야 한다. 제공된 정보를 보는 5-10분과 실제 통역을 하는 3-10분 동안은 극도로 긴장해 괴력(怪力)을 발휘해야 결과가 좋아지고 그렇게 할 수 있는 자만이 훌륭한 통역을 하고 좋은 통역사가 될 수 있음을 명심하자.

• 일곱째, 첫 고비가 되는 문장을 잡아라

이미 지적했듯이 통번역대학원에서 통역시험에 나오는 부분은 보통 순차 통역의 경우 연설의 첫 5분, 동시통역은 첫 10분 이내다. 이 부분 중에서도 보통 1-2분 이내에 첫 고비가 되는 문장이 나온다. 이 고비가 되는 부분을 놓치지 않고 바르게 통역을 해내는 것이 좋은 점수를 받는 관건이 된다. 다음 연설에서 첫 고비가 되는 문장을 찾아보자. 2010년 캐나다 G20 회의를 앞두고 캐나다 총리가 G20 회의의 각국 셰르파, 즉 사전교섭 대표들에게 한 연설이다.

Statement by the Prime Minister of Canada
18 March 2010 Ottawa, Ontario

I am very happy to be with you today and to welcome you personally to Ottawa. First of all, I want to thank you for your hard work in supporting the G 20 agenda.

As you all know, we are now preparing for the G 20 in June in Toronto, and these meetings are part of that preparation. I think many people are probably not aware that the relatively brief leaders' summits are the culmination of months of work at various levels of our governments to arrive at the final declarations and next steps forward.

You, as the so-called 'sherpas' of your countries, play a leading role in this process. And, if you are anything like Canada's Sherpa, Len Edwards, our Deputy Minister of Foreign Affairs, then your countries are very well served indeed.

바로 이 부분이다. "여러분, 소위 각국의 셰르파라는 분들이 이 과정에서 주도적 역할을 한다. 그리고, 만약 여러분이 조금이라도 우리 캐나다의 셰르파인 렌 에드워즈 외무차관 같다면 여러분의 정부는 정말 훌륭한 봉사를 받는 것이다." 이것이 무슨 말인가? 캐나다 외무차관이 캐나다의 셰르파 역할을 모범적으로 수행하고 있으니 그를 본받으란 의미다. 자신의 부하인 외무차관을 띄워주면서 각국 셰르파를 격려하는 멋진 문장이다.

이렇듯 대부분 연설의 첫 부분에는 통역사에게 고비가 되는 문장이 나오기 마련이다. 그 문장은 보통 유머가 될 수도 있고, 위트에 넘치는 기발한 문장이 될 수도 있다. 통역사라면 긴장을 늦추지 않고 있다가 기다렸다는 듯 이런 문장을 맞받아쳐야 한다. 첫 고비를 잘 넘기고 나면 통역에 자신이 붙어 나머지 부분도 실타래처럼 잘 풀어 나갈 수 있게 되고, 결과적으로 좋은 점수를 받게 된다. 비결은 '긴장'이다. 통역사는 처음부터 끝까지 긴장을 늦추지 말 일이다. 이 첫 고비를 넘기면 연설의 아래 다음 부분은 비교적 쉽게 통역할 수가 있음을 실험해보자.

So, once again, it is an honor to have you here. Now, if I could speak just for a few moments about this upcoming summit. This will be another chapter in the historic role the G-20 has played in dealing with the most severe financial and economic crisis facing the world since the Great Depression. Our collective efforts, the G 20's efforts, are helping to minimize the impact of the crisis and to favor a more rapid recovery. In so doing, the G 20 is playing its rightful role as a principal forum for international economic cooperation.

Canada believes that the G 20 can and should continue to live up to this important role as the world's principal economic forum. It will be judged, however, by its ability, not just to respond to crisis, but also its capacity to help lead the world through recovery and beyond. I believe this will mean that we must— as nations and as our nation's representatives — continue to understand what brought us together. We discovered that, in the new world of the global economy, whether the skies herald rain or shine, we are all in the same boat.

And though it is natural and expected that we all will defend our national interest, that national interest must be 'enlightened.' It must take into account the overall, long-term needs of the entire global economy if that global economy is to prosper. We can't lose sight of what remains our biggest collective challenge. The recovery is by no means fully assured. Too many citizens, in all of our countries, are still feeling the recession's impacts.

Our theme in Toronto we are calling 'Recovery and New Beginnings.' This task we must begin by continuing to make real progress in delivering on the actions agreed to in Washington, London and Pittsburgh.

First, we must continue with our stimulus measures. At the same time, it also behooves us to put our minds to how these will be balanced with exit strategies.

Second, we should aim to progress our discussions on the global framework launched in Pittsburgh for achieving long-term growth that is balanced and sustainable. This will enable us to identify specific actions at our next leaders' summit in Seoul in November.

Third, we must strengthen regulatory systems for the financial sector. These reforms have already been agreed. However, they will not be effective unless we put them in place. This has become a matter of urgency. We must get this done within the agreed timeframe.

Fourth, we must continue working to advance quota and other reforms at international financial institutions to increase their legitimacy, credibility and effectiveness. We must also provide adequate resources and tools to enable these institutions, including multilateral development banks, to do what has been asked of them.

Fifth, securing recovery requires all of us to keep our markets open. I feel very strongly about this.

Canada has recently negotiated a number of bilateral trade and investment agreements. Furthermore, our 2010 federal budget eliminated all remaining tariffs on manufacturing inputs and machinery and equipment. This will make Canada a tariff-free zone for manufacturers. I would like to encourage your governments to consider concrete actions that they can take — perhaps that we can all take —

to open global markets and keep them open. Open global markets have been responsible for the growing worldwide prosperity of the past generation. If we lose our commitment to open markets, no matter how understandable the short-term political reasons may be, then we will lose that prosperity.

In conclusion, there are a number of things that the G 20 must do to remain credible as a principal global forum for economic leadership. More specifically, the G 20 must honor its past commitments. It must also promote a sense of shared responsibility for the global economy, for the happiness and well being of people around the world. I know that, as Sherpas, you will be keenly aware of the central role you play in this regard.

You understand that the policies you are working on — effective and sustainable monetary and fiscal measures, sound and well-regulated financial institutions, open and competitive trade flows — are not ends in themselves. They are the basis of a system that has provided opportunity and hope.

Millions upon millions of people on every continent have been raised from want and privation to middle-class expectations over the past generation. Today, they have better expectations for their children than earlier generations ever dared entertain for themselves. It is for people such as these that we labor at these summits for them and, of course, for the victims of recession in our own countries. You could hardly be engaged in work of more value to more people, and I thank you for doing it. Thank you.

통역대학원 입시 구술 문제

2009년과 2010년 두 해 동안 한국외대 통역 대학원 입학 시험 한영과 지원자 중 필기 시험을 통과한 약 100여 명에 대한 구술 시험 중 한영 부분은 한국어 텍스트를 수험자가 직접 읽고 영어로 요약했다. 2011년에는 1차 시험을 주관식으로 치른 결과 1차 합격자를 다시 100명 이내로 축소할 수 있었기에 2차에서 한국어 텍스트를 다시 면접관이 읽어주었다. 이틀에 걸쳐 두 그룹으로 나뉘어 실시한 면접에서 응시자 한 사람, 한 사람에게 주제를 먼저 알려준 후 약 1분 30초 동안 텍스트를 읽어준 후 영어나 한국어로 요약하도록 시킨 문제들은 다음과 같다. 이 문제들의 공통점은 모두 기술적(descriptive)이라기 보다는 논쟁적(argumentative)인 문장으로서 수험생의 논리적 사고방식을 시험해보는 성격이다. 여기서 중요한 것은 이 문장들이 궁극적으로 이치에 맞는 소리인가 하는 점은 논외라는 점이다. 어차피 통역이란 남의 말을 옮기는 작업이니, 그 말이 맞는 것인가, 또는 내 생각과 일치하는가의 여부는 중요하지 않다는 것이다. 다음의 2011년 말 시험문제도 그 논리가 옳고 그르냐를 떠나 연사 나름의 논리를 분석해 이를 정확히 전달해 줄 수 있느냐의 여부로 점수가 매겨진다.

• 2011년 11월 통번역대학원 입시 2차 구술시험 문제의 예 •

* * * * * 〈 한 - 영 문제 〉 * * * * *

핵 안보 정상회의

내년 3월 서울에서 열리는 핵 안보 정상회의에는 작년 G20정상회의보다 더 많은 50여 개국의 정상들이 참여합니다. 우리나라가 중진국으로서 세계 경제의 지도국 반열에 오르는 데에 G20회의 개최가 큰 몫을 해낸 것처럼 핵 안보 정상회의 개최는 안보 분야에 있어서도 세계 중심에 서게끔 하는 계기가 될 수 있을 것입니다.

핵 안보 정상회의는 미국의 오바마 대통령이 주창한 핵 없는 세상을 실현하기 위한 세계 정상들의 모임입니다. 핵 테러리즘이 국제안보에 대한 최대의 위협이라는 인식을 공유하고 핵 테러에 공동 대응하기 위해 핵 물질이 테러분자들의 손에 들어가지 않도록 방호하는 구체적 행동 방안을 모색하는 것이 목적입니다.

다시 말해 2차 핵 안보 정상회의가 북한의 핵 문제를 해결하는 도구가 되거나 우리의 원자력 발전 수출의 지렛대가 되는 것을 기대하는 것은 핵 안보 정상회의에 대한 이해가 부족한 결과입니다. 전 세계 50여 개국의 정상들이 모여 세계적 관심사를 논의하는 핵 안보 정상회의를 우리의 당면과제를 논의하는 자리로 이용하고자 하는 것은 우리나라의 장기적 이익에도 맞지 않는 결과를 가져올 수 있다는 것을 인식해야 합니다. 핵 안보 정상회의 개최에서는 국제사회의 일원으로서 그 책임을 다하는 모습을 보이고, 그 틀 안에서 우리의 당면과제 해결에 필요한 결과물을 얻어내는 지혜가 필요합니다.

TV 대출광고 범람

요즘 TV를 켜면 돈을 빌려준다는 수많은 대출광고가 줄이어 쏟아져 나옵니다. 중독성 강한 멜로디를 반복해 부르는 CM송도 있고, 감성적으로 사람의 마음을 건드리는 광고까지 그 종류도 다양합니다. 이자율은 알아볼 수 없을 정도로 작게 표시하지만, 춤추고 노래하는 모습은 크게 내보내고 CM송으로 회사 이름을 반복해 부릅니다. 마치 서민을 너무나도 잘 이해한다는 듯 친구처럼 힘내라는 식으로 돈을 빌려준다고 속삭이니 분명 여기에 혹해 돈을 빌리는 사람도 많을 것입니다. 하지만 이런 대부업체들의 높은 이자율은 서민들의 경제 생활을 마비시킬 수 있다는 우려가 나오고 있습니다.

광고는 많은 사람들에게 영향을 끼칩니다. 광고가 일반인에 노출되는 정도가 많을수록 친밀감이 높아질 수 있고, 광고 방식에 의해 대출의 심각성에 대한 경계심이 무뎌질 수도 있습니다. 이는 서민경제뿐 아니라 국민 인식에도 좋지 않은 결과를 낳을 수 있다고 생각합니다. 광고의 양이나 표현방법에 있어 적절한 규제를 해야 합니다.

겨울철 전력비상

우리나라의 1인당 전력소비량은 일본, 영국, 프랑스 같은 선진국보다 훨씬 많습니다. 전력소비 증가율도 경제협력개발기구(OECD) 회원국 중에 가장 높습니다. 가장 큰 원인은 국내 산업에서 전기를 많이 쓰는 업종의 비중이 큰 데 있습니다. 전체 전력소비에서 산업용이 차지하는 비중은 55%를 넘습니다.

그런데 전기료가 선진국 절반 수준에 지나지 않을 만큼 싼 것도 전력 과소비를 부추기고 있습니다. 지난 9월 정전 사태를 겪고도 그 이튿날 전력소비가 더 늘어났을 정도입니다. 정부가 물가 상승을 억제해야 한다는 이유로 전력요금을 계속 묶어둔 결과입니다.

최근 몇 년 새 전기 온풍기 같은 전열기 보급이 크게 늘어나 여름보다 겨울에 전기를 더 많이 쓰게 된 것도 이 때문입니다. 정부가 최근 대기업 전력소비를 의무적으로 10% 줄이도록 하는 것을 비롯해 올겨울 전력위기를 극복하기 위한 대책을 내놨습니다. 당장 눈앞에 닥친 전력 대란을 넘기려면 이런 전기 절약 캠페인이라도 해야 할 형편입니다. 그러나 전기를 헐값에 팔면서 전기 수요는 억제하겠다는 정책이 얼마나 먹혀 들지 의문입니다. 단계적으로 전기요금을 현실화하면서 중장기적으로 에너지 다소비형 산업구조를 바꿔나가는 근본 대책이 나와야 합니다.

교토 의정서와 2012 기후회의

오늘날 기후 문제는 어느 나라에서든 뜨거운 감자입니다. 지구온난화의 비극을 묘사한 영화 '투모로우'(The Day After Tomorrow)는 과장된 면이 없지 않지만, 이와 유사한 상황이 일어나지 않는다는 보장도 없습니다. 지구촌은 매년 대륙별로 순서에 따라 UN 중심의 기후변화 관련 회의를 개최해 지구온난화를 방지하고자 노력해왔습니다.

그동안 온실가스 배출을 규제해 왔던 교토 의정서의 시효가 2012년 만료됩니다. 이를 대체할 새로운 기후협약이 체결돼야 하는데 오는11월 말에 남아프리카 공화국 더반에서 개최될 회의에서도 새 협약의 타결 전망이

희박합니다. 그래서 더반 회의에서 2012년 기후회의 개최지로 어느 도시가 결정될 것인지 세계의 관심을 끌고 있습니다. 내년 유엔 기후 회의의 유력한 개최지로 한국과 카타르가 경합을 벌이고 있습니다. 녹색성장 선도국이며 선진국과 개도국 사이에서 교량 역할을 할 수 있는 한국이야말로 내년 개최지로 적격이 아닐까 생각합니다.

내년 유엔 기후 회의의 유력한 개최지로 한국과 카타르가 경합을 벌이고 있습니다. 녹색성장 선도국이며 선진국과 개도국 사이에서 교량 역할을 할 수 있는 한국이야말로 내년 개최지로 적격이 아닐까 생각합니다. 우리나라는 무엇보다도 기후변화에 적극적으로 대응하는 노력을 각국에 알려 총회를 이끌 수 있는 역량이 있다는 인식을 심어줄 필요가 있습니다.

미개발 자원 '노인 인력' 활용

대한민국이 10년 새 부쩍 늙었습니다. 노령화 사회에 진입하던 2000년 당시 국민 평균 연령은 33세였는데 이제는 39세로 올라갔고 10년 후면 40대 후반에 들어설 예정입니다.

전국에서 약 200여 개 초등학교가 신입생을 받지 못했고, 4000개 초등학교가 문을 닫았습니다. 이제는 중 · 고교도 문을 닫기 시작하고 있답니다. 노령화에 대한 예측은 많이 나오고 있지만 어느 누구도 어떻게 될지 정확하게 알 수는 없습니다.

노령화에 대한 우리 사회의 반응은 엇갈리고 있습니다. 우선은 노령화를 미래 사회에 대한 어두운 경고로 보는 것인데 늙어가면서 활력을 잃고 시들어가는 사회로 가고 있다는 것입니다. 다른 하나는 노령화를 새로운 세상을 향한 새로운 도전과 기회로 보는 것입니다.

노령화 회에서 풍부한 것이 있다면 넘쳐나는 노인들인데 이 인력은 숨은 보배입니다. 노인들을 사회적 자원으로 생산적으로 활용하고, 복지 부분은 가급적 줄여 나가는 것이 노령 사회 국가 운영의 기본이 되어야 할 것입니다. 노인들을 정년 연장으로 직장에 더 머물게 하고, 퇴직한 건강한 노인 계층은 경제적 일자리로 연결해 '노년 빈곤'을 예방해야 합니다.

합법 다운로드가 더 위험?

최근 조사에 따르면 인터넷 사용자의 절반이 불법 다운로드를 하고 있다고 합니다. 사이버 범죄 측면에서 볼 때, 이런 불법 다운로드가 심각한 문제를 유발하지만 합법 다운로드가 불법 다운로드보다 더 위험할 수 있다는 점도 알아야 합니다.

우리가 가장 빈번하게 사용하는 것은 문서를 보고 음악을 듣는 등의 유틸리티 프로그램입니다. 이런 프로그램은 그 기능을 계속 보완하고 오류를 수정해야 하기에 수시로 버전 업그레이드가 일어나고, 사용자는 수시로 업데이트를 받아야 합니다. 바로 이 업데이트 과정에서 악의적 역할을 수행하는 악성코드가 침투할 가능성이 높아집니다.

문제는 가정에서 이런 소프트웨어를 다운받아 합법적으로 사용하는 일반 사용자들이 출근을 하면 바로 국가나 기업의 사이트에 접속하는 사용자로 변할 수 있기 때문입니다. 결론적으로 다운로드는 반드시 신뢰할 만한 프로그램 제작사의 업데이트 서버만을 사용해야 하며, 기업이나 기관에서도 이런 소프트웨어의 사용은 원칙적으로 금지해야 합니다.

세계 7대 경관이 된 제주도

"제주도는 어제 새로운 세계 7대 자연 경관에 오름으로써 제주도라는 브랜드를 한 단계 높이게 됐습니다. 아시아권에 머물던 제주의 외국인 관광객이 미국이나 유럽, 아프리카 등 전 세계인들이 제주를 찾아 찾아오게 될 것입니다."

가시적인 효과는 현재 백만 명에도 못 미치는 외국인 관광객은 7대 자연 경관이라는 바람을 타고 제주로 몰릴 것입니다.

지난 2007년 세계 첫 7대 자연 경관이 선정된 이후 해당 지역의 관광객이 60% 이상 증가한 것이 이런 예상을 뒷받침하고 있습니다. 제주도에서는 해마다 1조원 정도의 생산 유발 효과가 있을 것으로 전망했습니다.

하지만 세계 7대 자연경관 효과를 극대화하기 위해서는 개선돼야 할 문제점도 많습니다. 가장 시급한 것은 관광객의 접근로입니다. 제주공항의 경우 수용능력이 포화상태에 이르고 있어 24시간 운영할 수 있는 신공항 건설이 하루빨리 이뤄져야 합니다. ((또 인천이나 김포공항을 통해 들어오는 중국인 관광객에 대한 노비자 환승 시스템도 개선돼야 합니다. 자연경관을 보전 활용할 수 있는 국가적 수준의 지원 제도와 함께 관광객들이 보다 편안하게 즐기고 쉴 수 있는 부대시설 확충도 풀어야 할 과제입니다.)

세계 인구 70억 돌파

아기의 출생은 인류의 또 다른 잠재력이 탄생하는 것이라고 말합니다. 그러나 10월 31일 태어난 세계 인구 70억 명째 아기는 축복을 받지 못하고 있다. 1999년 10월, 인구 60억 명째가 된 아기가 보스니아에서 태어났을 때, 당시 UN사무총장이 달려가 그 아기를 팔에 안고 축하 행사를 벌였던 것과는 대조적입니다.

세계 인구는 21세기 말까지 또 급격히 늘어나 100억 명이 될 것으로 예상되지만 현재로선 그들의 삶의 전망이 밝지 않습니다.

한편 서방 선진국, 일본, 한국 등은 저출산율에 허덕이고 있습니다. 심지어 중국도 한 자녀 정책으로 2100년까지 인구가 4억 명 정도 감소될 것으로 예상됩니다. 따라서 21세기 말까지 태어날 30억 명은 거의 모두 나이지리아, 방글라데시, 에티오피아 등 저개발 · 최빈개도국에서 성장하게 됩니다.

이 아이들은 일자리는커녕 학교 교육도 제대로 받지 못할 것입니다. 이 때문에 분노 · 좌절한 젊은이로 넘쳐나면서 점점 더 큰 인류 재앙이 반복되는 결과를 초래할 것으로 우려되고 있습니다. 지구촌의 시한폭탄인 아기가 지금도 매주 300만 명씩 세계 최빈국들에서 속속 태어나고 있습니다. 시계는 똑딱거리며 가고 있습니다.

한-EU FTA 협정문 오역사태

최근 불거진 한-EU FTA 협정문 오역사태의 직접적인 원인은 정부부처가 고급 번역사를 쓸 수 있는 예산이 없기 때문입니다. 공기관에서 번역을 의뢰 받을 때 언제나 듣는 소리는 "가능한 한 빨리 번역해달라. 그러나 번역료는 예산 규정상 많이 줄 수 없다"라는 것입니다. 이래서야 어느 실력 있는 번역사가 공기관의 번역을 맡겠습니까? 특히 영어 같은 경우는 일감이 넘치는데 "정부의 번역을 가문의 영광으로 알고 봉사하라"는 말이 통하던 시대는 지났습니다.

이런 현실의 밑바닥에는 뿌리깊은 번역 경시 풍조가 있습니다. 번역은 아직까지 "영어를 조금 잘 하거나, 영문과만 나오면 할 수 있는" 일이라는 인식이 사라지지 않고 있습니다.

이번에 말썽이 된 것이 외국어로의 번역이 아니라 우리말로의 번역이었다는 사실은 우리에게 또 다른 반성의 계기를 줍니다.

지난 몇 십 년 동안 우리는 영어 위주의 언어 교육을 시키면서 모국어를 경시해왔습니다. 모국어 없는 외국어가 무슨 소용일까? 모국어를 온전히 못하는 자가 외국어를 얼마나 할 수 있을까요?

한자를 배우지 않은 한글세대가 그 어려운 한자투성이 협정문을 자신있게 번역할 수 있을까요? 이번의 한국어 오역 사태도 어쩌면 모국어 경시 풍조 때문에 일어났다고 봅니다. 모국어를 경시하는 고위직과 직접 번역을 한 우리 말에 서툰 젊은 실무자 및 인턴 직원들의 합작품일 것입니다.

영어를 잘 해야 먹고 사는 세상?

우리나라에서는 최근 취직하려고 해도 면접시험에서 영어실력부터 묻습니다. 업종-업무가 영어와는 무관한데도 영어 실력을 따집니다. 영어를 잘 못하면 실업자 신세를 벗어나기 어려우니 전공은 뒷전에 두고 영어에만 매달립니다. 대학은 4년 졸업제가 아니라 5년 졸업제로 바뀌다시피 했습니다. 재학 중에 1년간 어학연수는 필수과정처럼 되었습니다.

영어를 잘해야 먹고 사는 세상이 되었습니다. 그러니 모든 국민이 영어에 '모두 걸기'에 나서 영어열풍이 갈수록 뜨거워지고 있습니다. 방학만 되면 초-중-고교생들이 영어연수에 나서 조기유학 길에 오르는 학생들이 점점 늘어납니다. 집안사정이 넉넉해서만이 아니라 미국, 영국. 캐나다, 호주, 뉴질랜드는 돈이 많이 드니까 유학비가 싸게 드는 인도, 필리핀, 아프리카 등지로도 보냅니다. 영어가 꼭 필요한 전문분야라면 능통한 영어는 필수적입니다.

하지만 모든 국민이 정체성을 버리고 영어를 구사할 이유가 어디에 있는지 모르겠습니다. 모든 국민이 시간과 돈을 영어에 거는 것은 국력낭비입니다. 영어가 미쳐 사람 잡는 꼴입니다. 필리핀 사람들이 영어를 몰라서 남의 나라에 가서 허드렛일을 합니까? 일본 사람들이 영어를 잘해서 세계 굴지의 경제강국이 되었습니까?

애국자와 참전 용사들에 대한 예우

우리나라의 비약적 경제성장과 국가 발전은 나라를 위해 목숨을 던진 우리 조상들과 참전 용사자들의 희생이 밑바탕이 됐다고 볼 수 있습니다. 하지만 이들에 대한 우리 정부의 예우는 턱없이 부족한 형편입니다. 이 일을 맡고 있는 정부 부처의 예산은 한 해 3조 원 수준으로 국가 전체 예산의 2%도 안됩니다. 미국은 전체 예산의 3%를 쓰고 있고, 호주는 무려 6%에 달합니다.

부족한 예산 때문에 이들에게 합당한 예우를 해주지 못하고 있는 것입니다. 정부에 따르면 한국전쟁과 베트남전쟁 참전자는 20만 명이 넘는데 이들은 국가에서 참전수당으로 매월 12만 원을 받는답니다. 하지만 12만 원이라는 돈은 나라를 지킨 대가로는 턱없이 부족해서 기본적인 생활조차 하기 어려운 금액입니다. 나라를 위해 목숨을 바친 이들에 대해서는 적극적 지원이 필요합니다. 그래야 올바른 국가관과 안보의식을 강화하고 국민적 애국심을 고취할 수 있습니다.

태국 홍수피해, 원조로 보답하자

태국에서는 지난 7월 태풍으로 일어난 홍수가 현재 수도 방콕까지 퍼져 태국의 70%가 피해를 보았고 수백 명이 죽고 엄청난 경제적 손실을 입었습니다. 이번 홍수 피해로부터 회복되려면 한 달 이상이 걸린다고 하니 이 기간 태국인들은 어려운 생활을 해야 합니다.

우리 정부도 구호품 20만 달러를 지원하며 국제사회의 인도적 지원에 동참하고 있지만 일본 지진 때처럼 국민들이 대거 참여하는 구호 활동은 아직 찾아보기 힘듭니다.

태국은 60여 년 전, 한국전쟁이 일어난 지 5일 후 우리에게 많은 쌀을 보내주고 아시아 국가로는 최초로 파병해 100명이 넘는 태국 군인이 전사했습니다. 또 한국에 입국하는 탈북 난민의 90% 이상이 태국을 거쳐 옵니다. 우리는 지금까지 중국에서 숨어 지내고 있는 탈북 난민 수백 명을 구출했는데, 그중 많은 수가 태국을 통해 자유를 얻게 되었다. 탈북 난민에게 태국은 생명선입니다.

이렇듯 태국은 우리에게 특별한 의미를 가진 국가입니다. 우리도 태국 정부와 국민에게 감사 표시를 할 기회가 온 것입니다. 따라서 우리나라의 구호 활동은 정부뿐 아니라 시민적 차원에서도 시급히 진행돼야 합니다.

통역의 유용성

최근 세계에서는 3개 언어 이상이 쓰이는 다국어 국제회의는 점점 줄어들고 있는 추세입니다. 영어가 국제공용어가 돼 많은 행사가 영어라는 단일언어로 진행되는 경우가 늘고 있기 때문입니다. 우리나라도 마찬가지이지만 세계적으로 영어를 하는 사람이 많아지면서 통역의 필요성이 적어지고 궁극적으로 통역이란 직업도 사라질 수 있다는 주장까지 나오는 실정입니다.

몇 년 전부터 통번역대학원 지원자들 사이에 "통역이 없어지는 마당에 통번역대학원에 장래가 있나?"라는 질문이 나오기도 합니다. 하지만 로봇이 한정된 기능을 완벽히 수행할 수는 있어도 인간을 완전히 대신할 수는 없듯이 통역도 마찬가지입니다. 설령 아무리 탁월한 통역기가 나온다 해도 한정된 분야나 일정한 어역은 몰라도 변화무쌍하고 미묘한 인간의 마음을 표현하는 말을 온전히 옮기는 일은 결국 통역사의 몫입니다.

그런 점에서 모국어와 외국어에 대한 깊이 있는 이해와 풍부한 표현능력을 갖춘 우수한 통번역사를 양성하는 일은 지속적으로 확대돼야 할 것이다.

인터넷 시대에 통역에 가장 중요한 모국어보다 영어 교육이 우선시되고, 우리말의 근원이 되는 한자도 제대로 가르치지 않아 그런지 몰라도 우수한 통번역 인재가 점점 더 줄어드는 것 같아 안타깝습니다. 우리 정부 외교문서의 한국어 번역 실수도 영어 중시 ,모국어 경시 풍조 때문에 일어난 일이라 해도 과언이 아닐 것입니다.

파리 국제대학생 기숙사촌 한국관 건립

세계 문화의 수도로 꼽히는 파리에는 우리나라의 또 하나 중요한 숙원 사업이 있습니다. 파리의 국제 대학생 기숙사촌에 한국관을 건립하는 문제입니다. 이명박 대통령은 지난 5월 프랑스 방문 때 사르코지 대통령과 정상회담을 하면서 파리 남쪽 동네에 있는 이 기숙사촌에 한국관을 설립하는 방안에 합의했습니다.

이 합의로 프랑스 정부는 이 지역에 한국관을 건립할 수 있도록 땅을 제공할 예정이며 기숙사 건축비는 한국 측이 부담하게 되었습니다. 건축 예산 조달은 정부 지원 외에도 한국에 진출한 프랑스 기업과 프랑스에 진출해 있는 한국 기업 지원 등으로 이루어질 계획입니다.

1920년에 프랑스 문교부가 프랑스 기업들의 후원으로 건립한 이 기숙사촌은 프랑스가 표방하는 문화적 다양성의 상징물로 그간 전 세계 학생 20만 명이 거쳐 갔으며 현재는 140여 개국 학생이 체류하고 있습니다. 하지만 프랑스가 한국관 건립에 열의를 보이고 있음에도 우리 측 모금 활동은 아직 큰 성과를 거두지 못하고 있습니다. 그동안 수출 덕에 성장한 우리 기업이 이제는 국내뿐 아니라 해외 기부에도 눈을 돌릴 때입니다. 기업의 지속적인 성장을 위해서도 필요한 일입니다. 한 나라의 문화적 이미지는 그 나라의 대외 경쟁력을 좌우하기 때문입니다.

한자교육

우리나라 한글 사전에 나오는 단어의 약 60%가 한자어이고 11%가 혼용어(한글-한자)라고 합니다. 우리가 표기하는 한글의 약 70%가 한자임에도 정작 우리는 그 뜻과 어원을 모르고 있습니다. 이건 우리가 생각하고 표현하는 언어와 단어, 느낌, 개념, 이미지가 그만큼 제한적이라는 뜻입니다. 문화력의 손실이고 자유로운 상상력의 한계를 보여주고 있습니다.

한국말을 더 풍성하게 발전시키기 위해 한자를 다시 가르쳐야 한다는 주장이 나오고 있습니다. 1970년대 초등학교에서 한자 교육을 금지하고 1990년대에는 언론사들이 한글 전용을 실시하면서 꽃피운 한글 문화가 한자를 다시 교육하면 더 풍부하고 다양하게 발전할 것으로 기대할 수도 있습니다.

그러나 서양언어를 하는 나라들이 그 언어의 어원인 라틴어를 의무적으로 가르치지 않아도 아무 탈없이 모국어를 잘 쓰고 있고, 나름대로 모국어를 풍성하게 발전시키고 있지 않으냐고 반문하면 할 말은 없습니다.

* * * * * 〈영 - 한 문제〉 * * * * *

Sugar and cavity

Mothers are always telling their children not to eat too much chocolate or candy because they will get cavities. Is this true? Actually, it isn't.

It's more about the length of time the sugar sits in your mouth – not the amount of sugar you consume. For example, if you have all your kids' Halloween candy in an hour versus eating it over the course of the day or several days in a row, you are less likely to get decay. However, I'm not suggesting you eat that much candy in an hour!

Sugar is broken down by the bacteria that cause decay, and the byproduct of the bacteria is an acidic environment that promotes enamel (tooth) breakdown. The pH of the mouth is taken to an acidic level that causes decay. The pH usually stays at his level for about an hour. During this hour, teeth are more susceptible to cavities. Afterward, saliva, other foods or water help to bring the pH back to normal, neutralizing the acidic environment.

If you keep reintroducing sugar to your mouth on an hourly basis, you increase your chances of decay! SO if you pop a hard candy in your mouth at every break, or sip your sugary soda all day long instead of at one sitting, you could be in trouble.

I recommend having your soda or sweets at once, then rising with water or chewing gum to neutralize the acidic environment in your mouth. His will greatly reduce your chances of decay.

Busker Busker

If you're a fan of Korean reality audition shows, you probably know that 'Busker Busker' is the name of one of the finalists in one of those shows. When I heard the name of the group, it reminded me of a newspaper article I read some time ago.

A man sat at a metro station in Washington DC and started to play the violin. He played six Bach pieces for about 45 minutes. During that time, since it was rush hour, it was calculated that thousands of people went through the station, most of them on thir way to work. Only 6 people stopped and stayed for a while. About 20 gave him money but continued to walk their normal pace. He collected $32. When he finished playing and silence took over, no one noticed it. No one applauded, nor was there any recognition.

No one knew this but the violinist was Joshua Bell, one of the top musicians in the world. He played one of the most intricate pieces ever written, with a violin worth 3.5 million dollars. Two days before, Joshua Bell had sold out at a theater in Boston.

This is a real story. Joshua Bell playing incognito in the metro station was part of a social experiment about perception, taste and priorities of people. The outlines were: in a commonplace environment at an inappropriate hour: Do we perceive beauty? Do we stop to appreciate it? Do we recognize the talent in an unexpected context?

One of the possible conclusions from this experience could be: If we do not have a moment to stop and listen to one of the best musicians in the world playing the best music ever written, how many other things are we missing?

GHOSTS: FACT OR FICTION?

Do ghosts themselves really exist? According to a Gallop poll, 38 percent of Americans would say yes. They believe that the spirits of dead people do indeed walk among the living here on Earth. Others, however, argue that no solid proof of ghosts' existence has ever been found. They support their argument by pointing out that ghosts seldom appear to those who do not already believe in their existence.

Believers answer by citing eyewitness accounts of supernatural events that have supposedly occurred in buildings or locations where violent deaths took place, leaving behind restless spirits.

Some paranormal investigators even try to back up claims about ghosts by using scientific instruments. However, skeptics assert that the laws of physics can easily explain away the vast majority of alleged ghostly encounters. "Cold spots" are actually just drafts. Ghostly "voices" or other noises are just low frequency sounds caused by household appliances or other sources distant from the supposedly haunted site. Photographs that seem to show ghostly apparitions are really showing the effects of light, dust, fog, mist, or smoke.

Many others also believe that ghosts are all in the mind. The expression "true believer syndrome" explains why people think they've seen a ghost. The true believer way of thinking is characterized by a willingness to believe in something even when there is no firm evidence. In other words, some people convince themselves that ghosts exist because they simply choose to believe, and they ignore other rational explanations.

The Kindness of Strangers, by Robert. V. Levine

The French philosopher Rousseau wrote that "cities are the sink of the human race." But not all cities are the same. Places, like individuals, have their own personalities. Which environments most foster altruism? In which cities is a person in need likely to receive help? To find the answers to these questions my students and I traveled to 36 cities to observe where passersby are most likely to aid a stranger. Our studies focused on simple acts of assistance: Is an inadvertently dropped pen retrieved by a passing pedestrian? Does a man with an injured leg receive assistance picking up a fallen magazine? Will a blind person be helped across a busy intersection?

One of the advantages of testing so many places is that we could see how other social, economic and environmental indicators correlated with our experimental results. Far and away the best predictor, we found, was population density. This parameter was more closely tied to the helpfulness of a city than were the crime rate, the pace of life, the prevailing economic conditions or environmental stressors – say, noise or air pollution. We could readily make a case that, overall, people in more crowded cities were much less likely to take the time to help. New York was Exhibit A.

This finding is, of course, easy enough to understand. Crowding brings out the worst in us. Urban critics have demonstrated that squeezing too many people into too small a space leads, paradoxically enough, to alienation, anonymity and social isolation. Ultimately, people feel less responsible for their behavior toward others – especially strangers. Previous research had shown that city dwellers are more likely to do one another harm. Our study indicated that they are also less likely to do one another good and that this apathy increases with the degree of crowding.

MDGs are a Poor Indicator of Progress in Africa by William Easterly

High growth in Africa has been a failure because it has not reduced poverty enough to meet the Millennium Development Goal of reducing poverty by 50 percent.

However, Africa has to have higher growth than other regions to attain the same level of poverty reduction in percentage terms. The design of the Millennium Development Goals takes a success in Africa and turns it into a failure.

Africa has been growing at 5 to 6 percent since the year 2000. Everybody agrees this is one of the best periods in Africa's history, if not the best, for growth. Yet, a British government panel says this growth is far short of the 7 percent annual growth that needs to be sustained to reduce poverty. Other organizations have increased the required growth in Africa to meet this arbitrary percentage change in poverty target even higher. In effect, they're saying less than 6 percent per capita is a failure because Africa won't attain the Millennium Development Goal. 6 percent per capita is remarkable growth. That's a way to turn success into failure, to take a good growth rate in Africa and call it bad. In summary, there's been a lot of African achievements in development that have been downplayed by the design of the Millennium Development Goals exercise.

Pitfalls of Climate Change

If people are making decisions about climate change based on today's or this week's weather, they are, perhaps, making a mistake.

Statistics and our experience often conflict. Our immediate experience often overwhelms more abstract statistics.

We fear terrorism much more than death from skin cancer, but skin cancer kills many more annually. Cancer patients learn that the way they feel day to day has very little to do with the disease's progression.

One might feel good because of a good night's sleep, but the progress of skin cancer has much more to do with measurements made by a doctor. Yet it is hard not to pay attention to how one feels in thinking about one's future.

During a heat wave advocates of action on Global Warming tend to link the weather to long term climate change. However, when there is a cold snap skeptics of Global warming are quick to dismiss the possibility of global climate change. In the end, direct experience may not be a reliable indicator of long term climate change.

Nuclear Power

Some countries in the world currently use nuclear power. However, high construction costs have hindered the development of nuclear power in many countries. There are rising concerns regarding global warming and energy prices, however, nuclear energy has seen renewed attention as an alternative form of energy. The world energy demand is projected to grow rapidly. To meet the short-term demand, the use of coal and other fossil fuels will increase.

The main question and debate is whether nuclear energy should be included as a major component of 21st century plans to combat global warming and to help us meet the growing energy demand? Many questions can be asked, for example: 'Is nuclear power helpful in reducing greenhouse gas emissions?' 'Does the construction of nuclear plants contribute to global warming in any significant ways?' 'What about the mining of uranium; what general environmental risks might this pose?'

Ban on Sale of Violent Video Games to Minors

The US Supreme Court ruled against California's ban on the sale of violent video games to minors. The California law would have imposed $1,000 fines on stores that sold violent video games to anyone under 18. The ruling highlights what is a much larger, national and international debate regarding the effect of violent video games on youth, and the potential need, subsequently, for the regulation of their sale. The California law defined violent games as those 'in which the range of options available to a player includes killing, maiming, or dismembering an image of a human being' in a way that was 'offensive,' appealed to minors' 'deviant or morbid interests' and lacked 'serious literary, artistic, political or scientific value." Accepting that this description of violent video games may be true, the debate about banning them relates largely to the limits of free speech and government censorship.

통역 입문 과정

1. 모국어의 중요성

외국어를 잘해 통역을 지망한 사람들이 제일 먼저 느끼는 것이 모국어가 생각보다 훨씬 어렵다는 것이다. 통역에는 외국어가 아니라 모국어가 우선 문제가 된다는 것이다. 아무 문제가 없을 줄 알았던 모국어, 조금만 신경 쓰면 쉽게 정복할 줄 알았던 모국어가 의외로 큰 문제로 부각되는 것이다. 우리나라에서는 어릴 적부터 말하기 교육을 잘 받지 못했다. 대학을 졸업할 때까지 말하기에 신경 쓰지 않고 소홀히 하다가 갑자기 통역을 한답시고 정식으로, 공식적인 말하기를 시작하려니 여의치 않은 것은 어쩌면 당연한 결과인지도 모른다.

앞에서 말한 '국내파'는 한국어에서부터 그런 장벽에 부딪친다고 할 때 해외파는 어떤가? 해외파는 우선 자신의 모국어가 무엇인지를 판단해야 한다. 한국어보다 외국어로 말하는 것이 편하다면 외국어가 모국어일 텐데 과연 그런가를 전문가에 진단 받아야 한다. 중이 제 머리 못 깎듯 자신은 판단할 수 없다. 이 진단에서 최악의 경우는 한국어도, 외국어도 모국어가 아니라는 판정이 나왔을 때다. 그런 사람을 alingual, 즉 모국어가 없는 사람이라 하고, 그런 사람은 통역사 되기가 어렵다. 왜냐하면 믿고 비빌 언덕이 없는 것과 같으니까....

그런 판정을 받은 사람은 두 언어 중 어느 쪽을 모국어로 만들지 결정한 후 이에 정진해야 한다. 한국에서 공부한다면 사방에서 들리는 한국어를 모국어로 만들기가 훨씬 쉽다. 모국어라고 믿었던 외국어가 그렇지 않다고 판정 받고 한국에서 그 외국어를 모국어 수준까지 끌어 올리기에는 제반 환경이 불리하다. 한국어 쪽보다 훨씬 많은 시간과 남다른 노력을 기울여야 한다.

해외파가 한국어를 모국어 수준으로 끌어올리기 위해서는 앞에서 말한 대로 모든 생활을 한국어를 중심으로 생각하고, 읽고, 듣고, 말하는 연습을 해야 한다. 국내파보다 한국어에 뒤지는 정도가 사람마다 다르겠지만 노력 여하에 따라 의외로 빨리 따라잡을 수 있으며 얼마 뒤에는 노력하지 않는 국내파보다 더 훌륭한 한국어를 구사할 수 있는 가능성이 매우 높다. 그러기 위해서는 다시 태어나는 마음으로, 모국어를 사랑하는 마음으로, 완벽화 노력에 나서야 한다.

모국어 구사에는 속도도 중요하다. 동시 통역뿐 아니라 순차 통역에서도 시간 관계상, 혹은 회의의 속도 조절상 통역사가 통역의 속도를 빨리 해야 하는 경우가 있다. 물론 외국어로 통역할 때도 그렇지만 특히 모국어로 통역할 때 통역사라면 모국어를 빠르고 정확하게 구사할 수 있어야 한다.

2. 전공 외국어 학습법

구미의 전문 통역사는 보통 3개 이상의 언어를 구사하는데 2개 외국어를 전공으로 할 때 bilingual이라 하고 이때는 두 언어가 모두 모국어 수준이어야 한다. 우리나라에서도 우리말과 영어를 한다고 할 때 영어도 모국어 수준을 지향해야 한다. 그런데 국내파가 우리나라에 살면서 영어를 모국어 수준으로 끌어올리기란 실로 힘들다. 외국에 나가 공부한다 해도 영어를 모국어 수준으로 올리기란 10년 이상이 걸리는 어려운 과정이라고 봐야 한다. 따라서 이를 위해서는 남다른 노력과 학습법이 필요하다.

우선 어휘력을 늘리기 위해서는 티끌 모아 태산을 만드는 심정으로 단어 하나하나를 새로 쌓아나가야 한다. 필자는 유학 시 잊기 쉬운 단어나 표현은 전지(全紙)에 써서 벽에다 붙였다. 방을 나며 들며 이 메모지를 보고 외우고 다 외웠다 싶으면 다른 종이에 다시 새 단어나 표현을 써 붙였다.

유창한 발음과 고른 어조(diction)을 위해서는 영어 방송을 들으며 똑같이 따라하는(shadowing) 방법이 있다. 외국인 친구를 초빙해 함께 공부하면서 내가 틀리는 말과 발음을 가차없이 고쳐달라고 주문했다. 학부 시절에 영어 연극도 해보고, 영어 웅변 대회도 나가보고 해서 그래도 다른 국내파보다는 배경이 좋았는데 그렇지 못한 사람은 더 많은 노력을 해야 할 것이다. 그 과정은 힘들고 지루하다. 회의가 느껴진다. 그러나 영어를 모국어 수준으로 만들기 위해선 자기 나름대로의 학습법을 정해놓고 꾸준히, 남몰래 정진해야 한다. 노력한 만큼 결과가 나온다는 것을 명심해야 한다.

영어가 모국어라고 생각하는 해외파는 그 영어의 수준을 유지하기 위해 의식적으로 노력하면서 한국어를 영어 수준으로 올리는데 힘써야 한다. 앞서 말했듯이 한국에서 한국어를 향상시키는 것은 여건상 영어의 경우보다 훨씬 유리하고 그 속도가 빨라질 수 있다. 불과 10년 전과 비교해보아도 우리의 영어 학습 환경은 정말 좋아졌고 앞으로는 더욱 좋아질 것이다. 몇 가지만 살펴보면 다음과 같다.

첫째, 아침에 눈만 뜨면 우리는 라디오뿐 아니라 TV 방송으로 영어를 공부할 수 있다. 우선 그 유명한 미국의 CNN과 C-NBC, 영국의 BBC 방송을 무료로 마음껏 볼 수 있다. 시사 영어로 이보다 좋은 학습교재는 없을 것이다. 아리랑 TV에서는 우리의 이야기들을 온종일 영어로 방송해주고 있다. 이만하면 귀로 듣는 영어 학습에는 충분하지 않는가?

둘째, 서점에 나가 영어 학습 교재 코너에 가보라. 교재가 너무 많아 탈이다. 선택하기가 어려울 만큼 매력적인 제목의 교재가 널려있다. 거기에다 대부분 교재에는 친절히 녹음 테이프까지 붙어있다. "책 없어 공부 못한다"는 소리는 정말로 못하게 생겼다. 그 많은 책 중에서 어떤 책을 선택하느냐고? 달콤하고 솔깃한 제목에 속지 말고 내용을 보아 자신의 수준에 맞는 것을 고르는 것이 가장 중요하다. 가능하다면 테이프까지 들어보고 자기 귀에 맞는 것을 고르는 신중함도 있어야겠다. 처음부터 거창한 시리즈 물 보다는 단행본을 골라 꼼꼼히 반복해서 듣는 것이 실속이 있을 것이다.

셋째, 인터넷이다. 인터넷 탐색을 할 줄 아는 사람이라면 정보의 보고이자 영어의 바다인 인터넷에서 자신의 관심분야를 찾아 마음껏 항해해보자. 왼손에는 사전을 들고 모르는 단어를 찾아가면서 의미를 파악하다 보면 영어 학습은 저절로 되지 않겠는가?

자, 그러면 눈에 보이고 귀에 들리는 좋은 교재의 홍수 속에서 하나를 골라 과연 어떻게 익혀야 영어를 가장 효과적으로 향상시킬 수 있을까? 이에 답하기 전에 외국어 학습의 배경에는 명심해야 할 근본 원리가 있다. 영어 습득에 있어서는 청취(listening)와 독해(reading), 말하기(speaking)가 따로따로 있는 것이 아니라 서로 연결되어 있다는 것이다. 청취가 되지 않는 사람이 말하기를 잘할 수 있고 독해가 되지 않는 사람이 청취가 될 수 있을까? 들리지 않으면 말도 할 수 없는 것은 귀가 들리지 않는 사람이 말도 못하는 것과 같다. 따라서 영어를 공부할 때 지금부터는 리스닝, 다음에는 스피킹 등으로 구별해 공부하는 것은 의미가 없다.

독해에 능숙한 사람이 청취력도 높고, 리스닝에 능한 사람이 스피킹도 잘할 수 있다. 이런 원리를 명심하고 영어 학습을 효과적으로 하는 방법에는 다음과 같은 것이 있다.

- 어휘력을 늘려야 한다.

모르는 단어는 말할 수도 없을 뿐 아니라 들리지도 않는다. 이는 유치원생이 어려운 한자말을 알아듣지 못하는 것과 같다. 또 자신이 정확하게 발음하지 못하는 단어는 자신의 귀에 들리지 않는다. 여기에서 어휘력 향상 연습 시 정확한 발음으로 큰 소리를 내어 읽는 연습이 필요해지는 것이다.

- 여러 분야에서 상식과 지식을 쌓아야 한다.

자신이 전공하거나 관심이 많아 아는 것이 많은 분야의 영어는 당연히 잘 들린다. 우리말로 해도 알아듣지 못하는 내용을 영어로 말한다면 더욱 난해해지는 것은 당연하다. 그래서 많은 분야에 고른 상식을 가진 사람이 영어를 더 잘 이해할 수 있는 것이다. 물론 한 사람이 모든 분야에 능통할 수는 없지만 한 두 가지 분야에 남보다 월등한 지식을 가지고 있다면 그 분야의 영어는 남보다 훨씬 빨리 습득할 수 있을 것이다.

- 한국 관련기사에 더 큰 관심을 갖자.

필자가 외국어를 공부했던 약 20년 전에는 한국 관련 외국어 기사를 읽기가 쉽지 않았다. 유신시절, 한국 관련 기사는 검열을 받아 찢겨져 나오거나 검게 가려져 나오기 일쑤였다. 그래서 유학을 가 자유로이 보게 된 한국 관련 기사는 반갑고 신기해 줄을 쳐가며 읽고 또 읽었던 기억이 새롭다.
한국 관련 영어 기사는 우리의 이야기이므로 이해가 쉬울 뿐 아니라 소위 한국식 영어를 고치는데도 유용하고, 영어 식 사고 방식을 익히는 데도 좋다. 어떤 사물의 우리말 식 표현을 절묘하게 풀이한 영어는 가끔 자신도 모르게 탄성이 나오게 된다. 이런 표현들은 따로 정리해 익히도록 하자.

- 녹음기를 가까이하자.

녹음기는 영어 방송을 녹음하는 데 쓰일 뿐 아니라 자신의 발음을 녹음해 스스로 들어봄으로써 발음 교정에 유용하게 쓸 수 있다. 청취와 말하기는 녹음기와 친해지는 과정으로 이루어져야 한다. 이럴 때 쓰는 녹음기는 복잡한 기능을 가진 것보다는 몇 번이고 반복해 들어도 고장이 나지 않는 튼튼하고 간단한 타입이 좋다. 녹음기의 이용은 매우 귀찮을 수도 있지만 이를 참고 꾸준히 사용하는 사람이 청취와 말하기를 더 빨리 배울 수 있다.

- 정확한 리스닝을 위해서는 받아쓰기를 해보자.

가령 CNN 뉴스를 들을 때 녹음기로 녹음을 한 뒤 반복해서 들으며 내용을 똑같이 받아쓰는 연습을 해보자. 토씨 하나 틀리지 않았다는 자신이 설 때까지 계속 반복해 들으며 완벽한 문장이 되도록 애써보자. 확실히 들리지 않는 단어는 귀에 들리는 대로 사전을 찾아보면 정확한 철자를 발견할 수 있다. 아리송했던 단어를 사전에서 찾아 발견했을 때 큰 희열을 느끼는 자 만이 리스닝 능력을 배양할 수 있다. 대충 반쯤만 정확한 받아쓰기는 별로 도움이 되지 않음을 명심하자. 자신이 받아 적은 글이 문법에 맞는지를 철저히 검토하자. 이때 현재에서 가정법 과거완료까지, 시제에 특히 유의하면서 의미를 파악해야 한다.

- 책은 자신의 수준에 맞는 것을 몇 번이고 반복해 읽자.

마음에 드는 영어책 한 권을 구했으면 처음에는 모르는 단어도 그냥 유추 해석하며 읽어본 다음 두 번째 읽을 때 사전을 찾아보고 뜻이 드러나면 세 번 네 번 반복해 읽어보자. 그렇게 하는 것이 여러 권의 책을 건성으로 한 번씩 읽는 것보다 훨씬 효과적임을 느끼게 될 것이다.

- 길지 않은 훌륭한 문장은 따로 정리해 숙지했다가 필요한 경우에 적절히 활용하자.

'영어는 암기 과목'이란 말이 있듯이 영어는 문장을 외우다 보면 따로 문법을 공부하거나 생각할 여지를 없애준다. 짧고 절묘한 표현으로 씌어진 문장들을 암기했다가 필요할 때 곶감 빼먹듯 써먹어보자. 상대방의 놀라움을 사면서 칭찬을 받게 될 것이다.

자, 위와 같은 학습법을 동원해 공부하다 보면 얻어지는 결론은 어떤 것일까? 그렇다. 많은 이들이 하는 말씀이지만 영어는 위의 방법을 반복해 꾸준히 학습하는 길뿐이다. 절대적인 왕도는 없다. 남들보다 훨씬 빨리 습득할 수 있는 지름길도 없다. 그저 재미를 붙이고, 즐거움을 느끼면서 꾸준히 티끌 모아 태산을 쌓겠다는 심정으로 해나가는 길뿐이다. 이때 과거와는 달리 시중에 판매되고 있는 테이프 가

운데서 정성 들여 잘 만들어진 것을 활용해 자신의 녹음기와 친해지다 보면 그 길을 단축시킬 수가 있을 것이다.

3. 지식 늘리기

모르는 말은 들리지 않는다. 우선 모국어든 외국어든 모르는 단어는 귀에 잘 들어오지 않는다. 또 자신이 알고 있는 정보는 이해하기가 훨씬 쉽다. 어떤 메시지를 초등학생보다 대학생이 더 잘 이해하는 것과 마찬가지다. 급속으로 발전 중인 정보기술(IT) 관련 연설은 각종 정보기술 기기를 이해하고 다룰 줄 알아야 통역이 가능하다. 각종 기기를 사용하는 젊은 세대가 컴맹이라 불리는 나이든 통역사보다 훨씬 유리하다.

따라서 통역을 공부하는 사람은 모든 분야에 관심을 갖고 이해하려 노력해야 한다. 통역에 필요 없는 정보는 없다고들 한다. 아침에 신문에서 읽은 기사가 오전 회의에서 언급될 가능성도 크고, 몇 달 전 잡지에서 본 정보가 오후 통역에 큰 도움이 될 수도 있다. 그래서 많이 읽고, 보고, 듣고, 생각하는 것이 좋다. 통역에서도 분명히 '아는 것이 힘'이 되는 것이다. 그것이 바로 통역사의 교양(culture)이다.

여기서 중요한 것은 그냥 아는 것 보다는 논리적으로 이해하고 숙지하는 것이다. 어떤 문제에 대해 타인의 논리를 이해하고 한 걸음 더 나아가 자신의 생각과 비교하고, 타인의 생각을 비판까지 할 수 있는 단계로 나가야 한다. 어떤 문제에 대해 자신의 생각을 정리해 놓으면 같은 문제에 대해 타인이 이야기할 때 통역하기가 훨씬 쉬워진다. 타인의 생각을 통역으로 전달할 때 정리된 자신의 생각이 있다면 비교가 되어 훨씬 더 정확하게 전달할 수 있을 것이다.

4. 모국어를 모국어로 옮기는 연습

통역 연습의 첫 단계는 아무런 메모를 하지 않고 기억력에만 의존해 우리말을 우리말로 옮겨보는 연습이 될 수 있다. 그렇게 쉬운 것을 왜 하냐고? 그렇지 않다. 쉽지도 않다. 통역이란 의미의 전달이기 때문에 그 매개체인 언어가 무엇인가는 중요하지 않다. 우리말을 듣고 그 의미를 파악해 같은 우리말이지만 자신이 이해한대로, 다른 단어와 표현을 사용해 옮겨보면 내용을 완벽히 전달하기가 어렵다는 것과 통역의 의미를 깨닫게 된다. 한 가수가 다른 가수의 노래를 부를 때, 우리는 이를 영어로 interpret 한다고 말한다. 같은 노래라도 조용필이 부르는(interpret)하는 것과 이미자가 부르는 것은 확연히 다른 것과 같은 이치다.

전문 통역사가 실제 통역과정에서 영어를 듣고 우리말로 옮겨야 할 때 다시 영어로 통역하는 실수를 범하는 경우를 심심찮게 볼 수 있다. 그런 실수를 하는 통역사는 '말'에 묶이지 않고 '의미'의 전달에만 신경을 썼다는 증거가 되기에 큰 허물이 되지 않는다. 좌중의 폭소와 함께 말을 바꾸면 될 뿐이다.

우리말을 우리말로 옮기는 연습에서는 꼭 연설문이 아니라도 좋지만 논쟁적인 신문 사설이나 칼럼기사를 선택해야 하고 학생들은 손으로 메모를 하지 않고 눈을 감고 그 논지를 기억에만 의지해 내용을 재생(reproduction)하는 연습을 해야 한다. 이때 원문의 단어와 표현을 그대로 써도 무방하지만 가능한 한 원문과 다른 자신의 말과, 나름대로의 표현을 사용할 것을 권장하는 것이 좋다. 교재를 읽어줄 때는 늦다 싶을 정도의 적정한 속도로 잘 들릴 만큼 큰 소리로 읽어야 한다.

5. 외국어를 외국어로 옮기는 연습

이 연습은 모국어를 모국어로 옮기는 것과 같은 맥락의 연습인데 다만 그것보다 좀 더 어렵고, 자신의 단어와 표현을 대입하기가 더 어렵기 때문에 원문의 말과 표현을 그대로 사용하는 것을 더 너그럽게 허용해야 한다. 이 연습을 하다 보면 통역뿐 아니라 외국어 자체를 향상시키는 데도 좋은 훈련임을 깨닫게 된다.

6. 외국어를 모국어로 옮기는 연습

이 연습이 통역의 가장 기본이 되는 연습이다. 소위 '해외파' 보다는 '국내파' 가 우월함을 보일 수 있는 부분이기도 하지만 해외파가 외국어를 더 완벽하게 이해했을 때는 모국어로 옮기는 내용이 국내파보다 더 충실해질 수도 있다. 따라서 국내파들은 자신의 외국어 청취 수준을 자각하고 이를 향상시킬 방안을 찾아야 하는 것이다. 통역이란 외국어를 모국어로 옮기는 것이 기본이고 특히 동시통역은 모국어로만 하는 것이 원칙이다. 또 그것이 외국어로 통역하는 것보다 더 편해야 하는데 통역을 공부하다 보면 모국어를 외국어로 하는 것이 더 쉬운 것 같은 착각에 빠지는 경우가 있다. 이는 출발언어인 모국어를 잘 이해했기 때문에 일어나는 현상이므로 오해가 없어야 한다. 외국어를 모국어만큼 쉽게 이해하는 수준에 이르면 모국어로 통역하는 것이 더 편하고, 또 그렇게 되어야 하는 것이다.

7. 모국어를 외국어로 옮기는 연습

소위 '해외파'가 두각을 나타낼 수 있는 훈련이다. 단, 그 해외파 학생이 모국어를 어느 정도 이해하느냐가 관건이다. 우리말이 영어만큼 국제적인 언어라면 이 방향의 통역은 모두 우리말을 완벽히 이해하는 외국인 통역사에 맡길 수도 있을 것이다. 그러나 현실은 그렇지 못하고, 이를 해외파에게만 맡길 수도 없다. 국내파도 실전에 나가서는 우리말을 외국어로 통역해야 하기 때문에 피나는 연습과 훈련을 거쳐야 한다. 우리말을 완벽히 이해하는 국내파라면 외국어 실력만 꾸준히 배양하면 훌륭하게 외국어로 우리말을 통역해낼 수 있다는 자신감을 가지고 연습에 임해야 한다.

본격 통역 연습

1. 정신 집중과 분석 연습

통역은 긴장 속에서 피어나는 꽃이다. 정신을 집중하지 못하는 사람은 자신의 말은 할 수 있을지 몰라도 남의 말을 정확히 통역할 수는 없다. 따라서 통역을 하려는 사람은 정신을 집중하는 연습부터 해야 한다. 체질적으로 정신을 쉽게 집중할 수 있는 사람이 있고 그렇지 못한 사람이 있지만 자신에 맞게 정신을 집중하는 연습(concentration exercise)을 해야 한다. 통역이나 번역은 "있는 말 빼지 말고 없는 말 넣지 말고" 옮겨야 하는 한계를 지닌 작업이기 때문이다.

정신을 집중하려면 우선 눈을 감는다. 그리고 잡념을 없앤다. 머리 속을 하얗게 텅 비운다. 마치 동양화를 그리기 전 하얀 화선지처럼 머리 속을 정화한다. 그 연후에 연사의 말을 그 텅빈 화선지 위에 검은 묵으로 붓질을 하듯 그려나간다. 화선지의 바탕이 깨끗할수록, 즉 자신의 잡념이 적을수록 그 그림은 더 확연히 드러나 기억될 것이다.

통역에서 정신 집중이란 결국 남의 말을 정확히 기억하고 분석하는 작업이다. 남의 말을 잘 기억하는 방법 중에 영상화(影像化:visualization)라는 것이 있다. 즉 남의 말을 들으며 자신의 머릿속에 그림을 그리는 것이다. 그 그림은 자신이 보았던 풍경이나 물체가 될 수도 있고, 지도가 될 수도 있으며 도표(graph)가 될 수도 있다. 어쨌든 낱말이나 내용을 그냥 기억하기 보다는 그것들을 그림으로, 영상으로 연결시켜보는 것이 기억에 큰 도움이 된다는 것이다. 머릿속을 하얗게 비우고 귀에 들리는 메시지를 새까맣게 각인하는 연습을 하자.

기억을 하면서 그 내용을 정확히 재생(reproduction)하는 데는 분석이 필요하다. 연사는 무엇을 말하려 하고 있는가? 그 논지와 논리는 무엇인가? 왜 저 말을 하고 있는가? 과연 저 말은 맞는 말인가? 틀린 말이라면 왜 틀렸을까? 결국 바로 잡아질 것인가? 등등 통역사는 연설을 듣는 동안 끊임없이 머리를 굴려야 한다. 그래서 통역사가 연사보다 훨씬 더 정신적으로 피로한 것이다. 통역 공부를 할 때마다 이런 집중과 분석 훈련을 계속해 그것이 통역사의 제2의 체질이 되도록 만들어야 한다.

통역에서 가장 중요한 것은 통역사가 연설의 메시지를 이해하는 것이다. 모든 언어에서 이해하고 하는 말과 이해하지 못한 채로 하는 말은 그 느낌과 전달 수준이 완전히 다르다. 통역사를 흔히 앵무새라고 폄하하기도 하지만 '이해하는 앵무새', 즉 내용을 이해하고 말을 옮기는 앵무새는 결코 무시할 수 없는 존재다. 통역사는 그런 존재가 되어야 한다.

2. 노트 테이킹

노트란 통역사들이 연사의 말을 기억하기 위해 자신이 가진 종이에 나름대로 적는 메모를 말한다. 노트는 정신 집중 및 분석 훈련으로 기억 능력을 최대화한 후에 활용을 시작해야 한다. 그렇지 않고 노트 테이킹부터 시작하면 안 된다. 통역은 머리로 하는 것이지 손으로 하는 것이 아니기 때문이다. 정신적 훈련이 되기도 전에 손으로 하는 노트에만 의존하는 안이한 습성이 생기면 훌륭한 통역은 절대 불가능하다. 앞에서도 강조했지만 연설을 들으며 논리를 생각하고 기억하는 노력은 하지 않고 노트만 잔뜩 해놓았다가 통역할 때가 되어 그 노트로 자신의 말을 만드는 창작행위를 해서는 안 된다. 같은 노트로 전문가들이 하는 말과 어린 통역사가 만들 수 있는 말에는 하늘과 땅만큼의 차이가 있지 않겠는가?

노트는 통역사의 최후의 보루가 되어야 하고 적게 쓰고 적게 의존할수록 '머리로 분석하는' 좋은 통역이 나온다는 사실을 명심해야 한다. 노트는 통역사의 기억을 되살려주는 프람프터(prompter)의 역할에 국한되어야 한다. 통역을 하다 보면 피로할 때 더 많은 노트를 하게 됨을 깨닫게 된다. 피로해 머리가 쓰기 싫어져 손을 더 많이 쓰게 되는 것이다. 청각은 시각보다 쉬 피로해진다. 외국 영화를 보면서 외국어 대사를 듣기보다 쉬 자막을 보게 되는 이치다.

노트는 말을 그냥 받아 적을 수도 있고, 자신이 정한 부호를 쓸 수도 있으며 그림을 그리든가, 화살표를 쓰든가 전적으로 통역사 개인의 취향에 달려있다. 다만 중요한 것은 노트는 적게 할수록 머리로 분석되고 소화되고 정리된 통역이 나온다는 사실과 가장 좋은 노트는 통역을 가장 잘할 수 있도록 해주는 노트라는 사실이다. (The best note is the one that works!)

노트는 개인에 따라 천차만별이므로 정답이 결코 있을 수 없다. 약 1-2달에 걸쳐 자신에 맞는 노트를 개발해 실제로 사용하다 보면 나름대로의 방식이 잡혀간다. 모든 이들에게 도움이 될 몇 가지 기본 원칙을 열거하면 다음과 같다.

- 아깝지 않은 노트를 충분히 준비한다. 시중에 파는 기자 수첩 같은 노트는 싸지 않으므로 맘껏 쓸 수가 없다. 프린터에서 인쇄하고 남은 이면지 등을 활용해 아끼지 않고 쓸 수 있는 노트를 써야 자유롭게 노트를 연습하고 실습에도 쓸 수 있다.

- 문장과 문장 사이마다 긴 가로줄을 긋는다. 즉 각 문장마다 구분을 지어주어 두 문장이 자신도 모르는 사이에 섞이지 않도록 해준다. 빠르고 간결한 번역을 위해 두세 문장을 연결해 요약해서 통역한다 해도 노트를 할 때는 꼭 각 문장 사이를 가로줄로 표시해 놓아야 연사가 어떻게 말했는지를 기억할 수 있다. 이때 중요한 것은 긴 문장은 여백을 많이 남겨 통역 시 그 문장이 길었음을 알 수 있게 하는 것이다. 짧은 문장은 여백을 적게, 긴 문장은 여백을 많이 남겨야 원문에 충실한 통역이 나온다.

- 연사가 직전에 언급한 사실을 반복하거나 그 사실에 대해 더 구체적으로 언급할 때는 최초의 노트 사항을 비스듬한 세로줄로 밑으로 끌어와 반복 노트를 피한다. 이런 세로줄은 문장과 의미의 연결을 쉽게 하여 전체적으로 들을 때 통역의 일맥상통함을 도와준다. 글씨보다는 최대한 줄긋기를 활용하자.

- 비교급이나 최상급의 표현이 나오면 꼭 노트에 이를 기억할 표시를 한다. 비교급은 +나 -, 최상급은 ++나 --등으로 표시해 통역 시 이를 꼭 살리도록 한다. '더 좋다', '가장 좋다'는 표현을 그냥 '좋다'고 통역하면 틀렸다고는 할 수 없으나 맛깔스런 통역은 될 수 없기 때문이다. 통역이란 강조하는 부분에서는 원문보다 더 강조해줌으로써 '필요악(necessary evil)'이라는 통역이 끼어들어 의미의 강도가 감소하는 일이 없도록 해야 한다.

- 다음과 같은 관용구도 노트 시 꼭 표시를 해 그 맛을 살려야 한다. 관용구는 그만큼 많아 쓰는 표현이지만 의미 전달에 큰 도움이 되기 때문에 관용구가 된 것이다. 이를 밋밋하게 통역하면 원문보다 맛이 없는 통역이 되는 까닭이다.

not only　　but also
as well as
the more　　the more
not (because)　　but (because)
not totally(부분 부정)
not at all
one of the most
all but/ anything but

- 필요할 때는 시제 표시를 한다. 과거, 과거완료와 현재, 현재 진행, 현재완료, 미래, 미래 완료 등의 여러 가지 시제가 섞여 나올 때, 이를 표시해두는 것이 좋다. 시제가 틀리면 통역의 내용이 빗나가기 십상이다. 시제가 틀리면 내용이 완전히 빗나가는 수도 있기 때문에 연설의 내용 중 어느 사실은 과거였고,

어느 사건은 현재 진행 중이며 어떤 말은 앞으로 있을 것임을 분명히 기억해야 한다. 시제 중 가장 어려운 것은 역시 가정법이다. 가정법 과거나 가정법 과거 완료 문장이 나왔을 때 이를 표시하여 정확히 전달해주면 그런 통역사는 청중으로부터 신뢰를 받을 수 있다.

- 노트 테이킹 시 주부(主部)와 술부(述部), 주어와 목적어 등은 아래 위로 열을 맞추어 정리해주면 통역이 쉬워진다. 또 여러 가지 사항이 열거될 때는 나름대로 1,2,3 등으로 번호를 붙여놓으면 간결한 통역이 된다. 연사가 첫째, 둘째 등으로 열거를 할 때는 물론 따라서 그렇게 해야 한다.

- 통역 중 가장 까다롭고 틀리기 쉬운 부분은 숫자이다. 숫자가 나오면 아연 긴장의 도를 높여야 한다. 다른 내용은 약간 초점이 빗나가도 변명의 여지가 있지만 숫자가 틀리면 변명을 할 수 없다. 10 **thousand**는 1만, 100 **thousand**는 10만, 10 **million**은 천만, 100 **million**은 1억, 1 billion은 10억, 10 billion은 100억, 100 **billion**은 1000억 등이 되기 때문에 '숫자에는 함정이 있다'. 통역을 공부할 때는 두 학생이 마주 앉아 숫자 통역을 따로 연습하고, 실제 통역 부스에서도 연설에 숫자가 나오면 쉬고 있는 동료 통역사가 그 순간 통역하고 있는 동료를 위해 눈앞의 종이에 숫자를 써주기도 한다. 문제는 우리말과 외국어의 숫자 단위가 다르기 때문에 일어나는 것으로, 노트 테이킹 시는 우리말이나 외국어 중 하나를 선택해 정확히 쓰는 방법을 나름대로 터득해 놓아야 한다. 그런데 그 과정이 결코 쉽지 않음을 명심해야 한다.

3. 순차 통역

순차 통역은 통역의 꽃이다. 순차 통역은 통역의 기본 기술이다. 모든 운동처럼 이 기본기가 잘 닦여 있어야 다른 통역도 잘 할 수 있다. 과거 동시 통역이 흔치 않았을 때는 물론이고, 전자기기의 발달로 동시통역이 성행하고 있는 지금도 청중의 귀를 즐겁게 해 감탄을 자아내는 것은 바로 순차통역이다. 특히 말 주변이 없는 연사가 장황하게 늘어놓은 말을 주어 담아 조리 있게 짧은 시간에 재생해내는 순차 통역은 예술에 비유되기도 한다.

순차는 연사의 말이 끝난 후 그 부분을 다른 말로 옮기는 통역 시간이 주어지기 때문에 통역사가 어느 정도의 재량을 발휘할 수 있다. 즉 두 언어 사이의 문화적 차이를 조절하고, 연사의 잘못이 분명한 언어적 오류를 바로 잡거나 중언 부언 등으로 길어진 부분을 줄여 더 분명하게 만들 수도 있다. 순차통역을 처음 시작하는 학생들에게는 흔히 "네가 보고 온 영화 내용을 친구한테 얘기하듯 하라", 혹은 "네가 이해한 말을 동생에게 설명하듯 얘기하라"는 비유를 많이 한다.

순차 통역기술을 마스터하지 못한 사람이 동시통역을 잘해낼 수는 없다. 순차통역은 연사의 기호에 따라 한 문장씩 해 나가기도 하고, 길게는 5분 이상까지도 할 수 있는데 시간이 길어질수록 노트 테이킹의 중요성이 커진다. 아무리 통역사라도 기억력에 한계가 있기 때문이다. 긴 호흡의 순차 통역 시는 통역사가 자신의 기억을 최대한 잘 살릴 수 있는 방법으로 노트를 해야 하지만 앞에서 말한 대로 노트의 양을 최소화한다는 마음을 갖고 노트를 한 후 통역을 해야 앞뒤가 맞고, 청중을 설득시키는 통역을 할 수 있음을 명심하자.

4. 문장구역

문장구역은 순차나 동시 통역에 비해 일반에 널리 알려지지 않았으나, 그 훈련의 중요성과 효용성은 결코 간과할 수 없기 때문에 다소 긴 설명이 필요하다.

Sight Translation을 문자 그대로 번역하면 "보면서 하는 번역"이 되는데 이는 원래 번역사들이 번역을 시작하기 전 번역 대상물을 처음부터 끝까지 눈으로 번역해보는 과정이다. 이를 통해 번역할 글의 개략적인 내용을 파악하고 그 방향을 잡아 실제 번역 속도를 향상시킬 수 있다. 그것이 통역에 응용되어 사전에 원고가 주어진 연설이나 성명 등을 눈으로 보면서 통역하게 된 것이고 최근 그 빈도는 점점 더 늘고 있다. 우리나라에서는 79년 한국외대 통역대학원이 설립된 직후 "문장구역"으로 번역되어 오늘날에 이른 것이다.

통역에서 순수한 의미의 문장 구역은 특히 과학/기술 회의와 "외교 통역"에서

"논문" "성명" "선언" 등등의 문건이 사전에 서면으로 작성되고, 회의 도중 연사가 이를 낭독하게 될 때 통역사가 그 원고의 사본을 보면서 통역하게 되는 경우이다.

최근 국제회의에서 통역사들은 보통 회의 며칠 전에 사전 작성된 연설 원고를 받고 통역을 준비하고, 회의 시에는 원고를 보면서 통역하게 되는 경우가 대부분이다. 주요한 회의의 주요한 연설 치고 사전에 그 원고가 나오지 않는 연설은 거의 없다. 물론 마지막 순간에 그 내용이 변경되는 경우도 있고 시간에 쫓겨 원고 중 일부만 집중 발표하거나 전체를 요약 발표하는 등의 경우가 흔히 발생하지만 연설 원고를 눈 앞에 두고 통역하는 경우는 넓은 의미로 모두 일종의 문장 구역이라 할 수 있다. 이에 따라 문장 구역이 통역 훈련 과정에도 포함되기에 이른 것이다.

이 글에서는 문장구역을 회의 통역사 훈련에 한정해 연구해본다. 물론 문장 구역은 순차 통역과 동시 통역 회의 모두에서 일어날 수 있다. 이때 통역사는 귀로 듣고(청취 후) 순차 통역, 혹은 귀로 들으면서(청취하면서) 동시 통역을 하다가 청취보다는 낭독을 위해 준비된 원고를 받아 눈으로 보면서 통역하는 일을 해야

한다. 그 순간 통역사는 자신이 일상적으로 해오던 자신의 통역기능이 원고 때문에 오히려 방해 받는 어려움을 경험하게 된다. 즉 원고를 빤히 보면서 하는 통역이 오히려 더 어렵다는 것을 느끼게 된다.

그 이유는 무엇일까? 뒤에서도 얘기하겠지만 원고가 눈앞에 있으면 원고의 단어와 문장에 집착하게 되어 통역의 본질인 '의미의 전달'이라는 기능이 약화되기 때문이다. 즉 귀로 듣고 머리로 분석하여 그 의미를 전달하기 보다는 당장 눈에 띄는 문장과 단어를 다른 말로 푸는데 급급하게 되어 의미 분석 작업을 게을리하게 되는 것이다. 문장 구역 연습이란 그러므로 눈에 띄는 문장이나 단어로부터 일정한 거리를 두고 의미를 분석하면서 통역하는 과정을 말한다.

눈앞에 펼쳐진 원고의 뜻을 먼저 파악하기 위해서는 어떻게 해야 할까? 눈과 머리가 현재 통역하고 있는 부분보다 앞서가야 한다. 우리가 어떤 언어로 직접 연설을 할 때 현재 발화하고 있는 의미소 다음의 의미소들을 먼저 생각하며 나가듯이 문장 구역도 다음에 나올 문장들의 의미를 생각하며 통역해 나가야 한다는 의미이다.

앞서 말했듯이 번역사는 번역 시작 전 '문장 구역'을 하지만 번역사는 청중을 위한 발성을 할 필요가 없다. 반면에 통역사는 눈으로 원고를 보면서 발성(통역)해야

하니 이 문장 구역은 원고가 아닌 일반 연설을 통역하는 것처럼 들리게 해야 한다. 물론 똑같은 단어로 전달돼야 하는 서면 법률 서류 (조약/계약/회의록 등) 등은 예외이다.

원고를 보통 연설을 통역하듯이 하면 원고 작성자를 "배반"하는 것이 아닌가라는 의문을 가질 수 있는데 그것은 결코 그렇지 않다. 연설자가 사전에 작성된 원고를 읽어 청중에게 그것을 듣게 하는 것이 '배반' 행위일 뿐이다. 청중이 원고의 문어체 원문을 이해하는 데는 한계가 있다. 더구나 연사와는 다른 문화권에 소속된 청중에게 원고 내용을 이해시키기 위해 연사의 생각을 재구성해야 할 때 통역사의 어려움과 딜레마는 더욱 커진다.

청중에게는 "흡수 한계(absorption threshold)"라는 것이 있어 이 한계를 지나면 정보의 흡수도, 처리도 어려워진다. 통역사가 외국어를 모국어로 옮길 때 이 청중의 흡수 한계를 지났다고 판단이 되면 전략을 바꿔 원고의 내용을 요약(abstracting/ summarizing)한다는 전략으로 나가야 한다. 그렇게 해서 복잡한 서면 정보도 청중에 직설적이고 분명히 들리게 하는 것이 전문 통역사의 임무이다.

어떤 경우 통역사는 원고에서 주요 정보를 추출해 재구성하여 "구술"된 연설의 형태로 발표하는데 이것이 진정한 의미의 '문장 구역'이라고 말할 수 있다. 통역사는 자신의 낭독 속도를 자유자재로 조절할 수 있는 능력이 있고, 통역 전에 이미 연설의 원고를 읽기 때문에 이 임무가 가능해지는 것이다.

문장 구역을 할 때 제일 큰 전략적 위험은 원문에 너무 집착하는 것으로 원문의 내용을 다른 언어나 문화권 청중에게 올바로 전달하기 위해서는 원문으로부터 어느 정도 거리를 유지하는 것이 중요해진다.

통역사들은 보통 회의 통역을 의뢰 받은 후 우선 회의 주제에 대한 조사를 완료하고 필요 용어를 정리하는 과정을 거쳐 실제 연설문을 연구하는 최종 준비 단계를 지나게 된다.

이때 기술적 용어를 문맥 내에서 소화(assimilate technical terms in context) 하고 즉각적으로 번역하는 순발력을 개발 (develop instantaneous translation reflexes)해야 하는 과정은 1개 언어로 하는 연설과 크게 다르지 않다. 노트 없이 완전히 즉흥적으로 연설할 때 좋은 연사는 일련의 의미 단위로 자신의 논지를 설명한다. 이 의미단위가 일단 연사의 마음에 분명히 개념화되었을 때, 연사는 말을 하고, 동시에 다음의 의미 단위를 개념화하는데 집중하는 것이다. 이를 도식화하면 다음과 같다.

개념화(conceptualize)— 발성(enunciate)/개념화 — 발음

개념화와 발음, 두 단계는 분명히 동시에 이루어진다. 연사나 통역사가 다음 아이디어의 개념화를 위해 한 의미 단위를 끝까지 발음할 때까지 기다린다면 의미 전달은 매우 주저하는 느낌을 줄 것이 뻔하다.

연사나 통역사가 메모(노트 테이킹)를 보면서 통역할 때 도식은 다음과 같다.

노트읽기(read note)/개념화 — 발음/노트읽기/개념화 — 발음/노트읽기/개념화

자신의 노트를 점검하면서 연사/통역사는 그 개념들을 상기하기 위해 자신의 기억을 더듬는다. 그 후 각 개념은 "자동적으로" 발음이 되고 동시에 노트 읽기와 개념화라는 다음 단계가 시작된다. 노트 읽기의 단계가 전체 과정에 빨리 흡수, 종합될수록 의미 전달과 발표는 더 부드러워진다. 이런 회의 통역 준비 단계에서 문장구역은 이상적인 도구가 된다. 문장구역을 해봄으로써 화학물질의 명칭이나 발음을 익힐 수 있고 일상적으로 쓰지 않는 특수 어휘와 용어에 친근해지며 그를 사용하는데 편안함을 느끼면서 순발력을 기를 수 있게 되는 것이다.

이 문장구역 연습은 통역사의 근육 기억(muscle memory)을 강화해준다. 또, 연설의 비교적 어려운 문구들을 철저히 준비하고, 회의 전 실제 통역 연습(rehearsal/dry run)을 가능하게 해준다. 문장구역에 숙달이 되면 '속독'이라는 단순한 기술을 익히게 되어 모국어로 자료를 읽어 회의를 준비하는데도 좋고 사전에 없는 기술 용어와 전문용어를 준비하는데도 도움이 된다. 또 정보가 더 빨리 흡수되고 분류되기 때문에 전체를 번역하지 않으면서 더 효율적인 읽기를 할 수 있다.

이런 읽기 과정에서 통역사의 눈은 두뇌에서 지적으로 처리하고 있는 것보다 언제나 먼저 나간다. 실제 문장구역에서 통역사의 눈은 언제나 그가 통역하고 있는

부분보다 앞서간다.

순차통역에서는 연사가 원고를 변경 없이 그대로 읽었음을 확인하기 위해 통역사가 노트 테이킹을 할 필요가 종종 있다. 교육 및 훈련 수단으로서의 문장구역은 통역사가 원고뿐 아니라 자신의 노트를 부드럽고 자연스레 읽는 법을 익히는데도 필요하다. 이는 통역사가 눈으로는 실제로 발음하고 있는 것보다 언제나 앞서 읽음으로써 연사의 논지를 전달하는 도중 주저하거나 불안해하는 듯한 공백을 없애는 기술을 개발하게 되기 때문이다.

초보 통역사가 순차 통역을 하면서 눈을 노트에 파묻고 고통스럽게 자신이 쓴 노트를 해독하면서 아이디어와 아이디어 사이를 부드럽게 연결시키지 못하고, 노트의 문장이나 페이지(쪽) 사이에 간격을 두면 청중은 통역사에 대한 신뢰감을 잃게 된다. 이를 예방하는 훈련이 바로 문장 구역이다.

문장구역 훈련을 잘 받으면 실제로 통역 중인 아이디어의 최대한 1페이지 앞까지 볼 수 있는 법을 배우게 된다. 앞으로 나올 말들의 방향과 의미를 미리 예상하고 파악하고 있어야 지금 하고 있는 말에도 논리가 서고 말투에 자신감이 배게 되는 것이다. 그런 통역을 해야 청중은 통역사를 믿게 된다.

순차/동시 통역 연습을 하면서 개발할 수 있는 중요한 순발력 중 하나는 머리로는 다음 의미 단위 분석에 집중하면서 거의 자동적으로 입으로는 통역을 할 수 있는 능력이다. 동시 통역에서는 거의 자동적으로 이런 능력을 보여주면서 순차 통역에서는 이 기술을 잊어버리고 주저하는 모습을 보여 신뢰감을 떨어뜨리는 통역사가 의외로 많다.

순차 통역사는 낯설지 않은 아이디어들을 나타내는 자신이 쓴 노트를 읽고 있기 때문에 연사보다 우월한 입장에 있다. 각 아이디어는 이미 분석되고 완전히 이해되었다. 다만 적절한 문장구역 훈련을 받아 의미 전달이 멈추고 주저하는 느낌을 주지 않게 해야 한다.

동시 통역에서 통역사가 귀로 듣고 있는 연설의 원고를 눈앞에 두고 하는 문장구역은 가장 진보된 형태이다. 그러나 연사가 서면 원고로부터 이탈하지 않음을 확인하기 위해 통역사는 문장구역을 하면서 실제 연설을 추적해야 한다. 이는 사실상 동시통역 기술 중 한가지일 뿐이다. 통역 시 서면 원고를 꼼꼼히 추적하면 통역사는 주제와 연사에 친밀감을 가질 수 있고, 또 귀로 듣고 직접 통역하는 데 편안함을 느끼게 되면 복잡한 문장과 숫자를 위해서만 서면 원고에 의존하면서 그 원고가 통역을 방해하는 작용을 방지할 수 있다.

문장구역은 과학/기술 회의에서 가장 유용하다. 통역사가 원고에 쓰여진 정보를 완전히 소화한 후 연사가 구술하는 정보를 힘들이지 않고 처리할 수 있으면 가장 좋다.

그러나 대부분 통역사들은 연설 원고가 있으면 구술 정보에만 의존하기보다는 그 원고를 너무 꼼꼼히 추적하게 된다. 이는 외국 영화를 볼 경우 원어를 듣는 노력을 게을리하고 화면에 나오는 모국어 번역을 읽게 되는 것과 흡사하다. 이 어려운 상황에서 전혀 원고의 도움을 받지 않고, "생" 통역을 할 수 있는 통역사가 최고라고 말할 수 있다.

연사가 원고를 고속으로 읽어나갈 때, 통역사는 시각에 의존하여 다음 사항을 실천해야 하기 때문에 시각에 의존해 정보를 흡수하고 처리하는 훈련을 받아야 한다.

- 연사의 말이 바르게 표현되고 그 정보가 자신의 통역으로 바르게 이해되었는가 점검한다.

- 시각으로 얻은 모든 것을 동원해 이 정보를 완벽한 것으로 만든다.

- 전달 가능한 최대한의 정보를 시각으로 번역(구역)하라.

동시 통역에서의 문장구역은 연사의 낭독 이후 실시되는 순차통역에서만큼 "순수"한 것은 아니다. 문장구역을 하면서 동시에 연사의 발성을 들어야 하기 때문에 가장 빠른 통역(구역) 기술이 필요하다.

동시 통역에서는 원고상의 정보가 청취되는 정보에 우선하는 경우가 많기 때문에 문장구역 시 통역사가 전적으로 정신 집중을 해야 하고 통역사가 문장구역을 빨리 할수록 통역도 효율적이 된다.

문장구역은 회의 통역사가 갖춰야 할 대부분의 기술을 망라하는 분야이고 특히 번역이나 통역을 빠른 속도로 할 수 있는 기술을 길러준다.

그러므로 문장구역은 훈련 과정 초기에 가르쳐야 하고 과정 끝까지 가르치는 것이 더 중요하다. 그러나 순차/동시 통역 시험 도중에 원고를 주어 그 능력을 간접적으로 테스트할 수 있기 때문에 문장구역을 별도로 최종 시험에 포함시켜야 하느냐는 논쟁의 여지가 있다.

5. 동시통역

지난 10여 년 동안 국제회의에서 순차통역은 점점 더 줄어들면서 동시통역이 보편화되었기 때문에 통역 교육도 동시 통역에 치중하기 쉽다. 그러나 순차 통역을 마스터하지 못한 학생을 동시통역 부스에 넣어 동시통역 연습을 시키는 것은 바람직하지 못하다. 이는 걸음마도 배우지 못한 어린이를 풀장에 빠트리는 것과 같다.

순차를 체득한 학생은 부스에 들어가 자신에 맞는 나름대로의 동시 통역 기술을 찾아야 한다. 동시통역에 입문하는 연습 방법은 다음과 같은 것이 있다.

- 카운트다운 법: 연사가 쉬운 연설을 천천히 읽어나가는 동안 학생은 헤드폰으로 이를 들으면서 우리말이나 외국어로 100부터 카운트다운을 하는 것이다. 카운트 다운을 하는 목소리는 보통 통역을 하는 목소리만큼 커야 하고, 일정 시간이 지난 후 연사가 무슨 말을 했는지를 조리 있게 재생하게 하는 방법이다. 이 방법으로 연습할 때는 우리말 연설을 들려주며 우리말로 카운트다운하다가 다음에는 외국어로 카운트다운하고, 청취 후 재생을 할 때도 우리말 연설을 우리말로, 다음에는 외국어로, 외국어 연설을 외국어로, 그 후에는 우리말로 재생 시키는 등으로 발전시킨다. 이 연습은 '소리 내 말하며 유심히 듣기'를 위한 것이다.

- 한담(閑談)이나 동화 통역하기: 교수나 동료 학생이 일상사나 잘 알려진 동화 등을 천천히 얘기할 때 이를 받아 동시 통역을 해본다. 이에 익숙해지면 중고생이 웅변대회나 영어 말하기 대회에서 한 연설을 읽어주고 동시 통역하는

연습을 한다.

위와 같은 동시 통역 연습을 하면서, 또 진짜 연설문을 들으며 본격적인 동시 통역 연습을 하면서 학생들은 각자 자신에 맞는 동시 통역의 방법을 터득해야 한다. 즉, 우리말과 영어는 어순이 다르기 때문에 동시 통역에 큰 어려움이 있다는 것을 느끼며 '나는 원문과 어느 만큼의 간격을 두고 통역할 것인가'를 결정해야 한다. 혹자는 말 한두 마디 뒤에 바로 통역을 시작하는 것이 자신에게 맞는다고 느낄 수도 있고, 혹자는 동사 하나를 듣고 난 후, 혹자는 한 문장이 거의 끝나갈 무렵 통역을 시작하고, 통역하면서 귀에 들리는 다음 문장을 듣는 것이 좋다고 결정할 수도 있다. 그러나 모든 것이 빨라지는 세상에 동시통역도 더 빨리 시작하는 것이 바람직하다. 특히 영어 같은 경우는 알아 듣는 사람이 많기 때문에 통역이 늦으면 짜증나게 하고 통역사의 능력을 의심하게 하기 때문이다.

또 연사의 연설 속도가 지나치게 빠르다거나 두 언어의 어순이나 양국의 문화차이 때문에 한 문장씩 통역하는 것이 불가능해질 때 원문의 2-3 문장을 연결해 요약해서 통역하는 요령도 터득해야 한다. 물론 그런 요령은 하루 아침에 터득되지 않는다. 많은 연습과 실전 경험 후 나름대로 스타일을 개발해야 하는 것이다.

어느 경우든 한영-영한 동시 통역은 예단(豫斷:anticipation)이 중요하다. 즉 연사가 다음에 무슨 말을 할 것인가를 열심히 예상하면서 지금 진행 중인 말의 방향을 먼저 넘겨 집고 통역을 하는 것이다. 각 문장이 끝날 때까지 기다리다 보면 아무래도 시간에 맞춰 동시 통역이라는 임무를 수행하기가 어렵기 때문이다. 이런 예단을 위해서는 회의 주제에 대한 해박한 지식이 필수적이기 때문에 통역 전에 충분한 예습이 필요한 것이다. 그래서 통역사들은 회의 며칠 전부터 열심히 공부해야 한다.

동시 통역에 가장 어려운 순간 중 하나는 연사가 전광 석화처럼 유머(humor)를 쓸 때이다. 외국어를 이해하는 일부 청중은 즉시 폭소를 터뜨리는 경우가 많은데 통역사가 때늦게 이를 통역하든지, 다른 방법으로 상황을 수습하기란 쉬운 일이 아니다. 그래서 과거 어떤 통역사는 유머가 터진 후 '청중 여러분, 방금 연사가 아주 우스운 얘기를 했으니 일단 웃어주십시오'라고 해 폭소가 터졌다고 한다. 그 연사는 청중이 폭소하는 것을 보고 '내 우스개 소리가 이번만큼 잘 통역된 적이 없었던 것 같다'라고 했다던가? 그런 유머를 잘 넘기기 위해서는 시중 서점가에 나와 있는 '유머집' 등의 책을 보는 것도 도움이 되겠지만 역시 많은 통역 경험으로 관록을 쌓는 것이 가장 확실한 방법일 것이다.

앞서 얘기했지만 한국인 연사들은 비교적 말을 잘 하지 못한다. 말이 장황하고 논리가 없으며 했던 말을 또 한다거나 하는 경우가 허다하다. 외국인 청중이 들으면 '통역이 엉망'이라고 속단하기에 딱 좋다. 특히 나이가 지긋한 연사 분 중에는 속담(예: 고래 싸움에 새우 등 터진다)이나 한자 숙어(예: 고진감래), 심지어는 중국의 고사 성어 (제갈 공명이 어쩌고 하는)까지 들고 나오는 경우가 있다. 이에 대비해 속담 번역집 등을 숙독해두는 것도 필요하다.

- 동시통역은 100%를 지향하는 예술이다.

  통역사 중에 "나는 거의 모든 주제의 동시 통역에서 100%를 소화할 수 있다"고 하는 사람이 있다면 그것은 거짓말이다. 동시 통역은 100%를 지향하는 예술일 뿐이다. 주제의 난이도에 따라 100%에 훨씬 미치지 못하더라도 최선을 다해 회의가 진행될 수 있도록 해주면 되는 것이다. 어려운 노래를 하면서 음정과 박자, 가사가 조금씩 틀렸더라도 끝난 후 "대체로 잘 부른 노래"라는 평가를 받으면 되는 것처럼......

  앞에서도 말했지만 매번 바뀌는 주제와 청중을 상대로 매번 자신의 통역 능력을 증명해 고객을 감동시켜야 하는 압력(performance pressure)을 견디는 끈질긴 능력이 바로 프리랜스 통역사의 수명을 결정한다.

앞에서도 말했지만 남이 한 말을 그대로 다른 말로 옮기고, 특히 그 말을 실시간으로 옮겨야 하는 동시통역은 인간의 정상적 활동이 아니다. 어쩌면 미친 짓이다. 따라서 동시통역을 잘 하려면 끊임없는 연습과 실전 경험이 필요하다. 흔히들 하는 말에 동시통역은 하루를 안 하면 내가 알고, 이틀을 안 하면 부스 안 동료 통역사가 알며, 사흘을 안 하면 청중 모두가 안다는 말이 있다. 한 동안 동시통역 연습이나 실전을 하지 않으면 다시 궤도에 오르기까지 고통이 수반되므로 다시 시작하기가 싫고 두려워진다. 나이가 들수록 그 고통은 커진다. 후배들이여, 한 살이라도 젊을 때 열심히 연습하고, 꾸준히 실전 경험을 쌓자.

통역 강의록

다음은 필자가 안식년을 마치고 돌아온 2011년 2학기에 한 강의의 주요 내용과 재학생들과 함께 통역 연습한 연설을 정리한 것이다.

제1강 경제 연설

이미 강조했지만 통역 연습을 할 때는 대상 연설을 잘 선택해야 한다. 인터넷이 발달해 각종 사이트에 좋은 연설이 넘쳐나므로 취사선택을 잘해야 한다. 첫째, 오래된 연설은 연설이 아니라 전설(傳說)이므로 최근의 연설을 골라야 한다. 둘째, 영어 원어민이 한 연설을 골라야 한다. 실제 통역에서는 온갖 국적의 비표준 영어를 통역해야 하지만 연습할 때는 표준영어를 대상으로 하는 게 실력 향상에 좋다. 영어가 모국어가 아닌 사람들의 연설은 그 사람이 소속된 조직의 번역사들이 영어로 번역해 사이트에 올릴 경우도 있으므로 주의해야 한다. 번역사들이 급히 한 번역은 현장성이 부족하고 문어체일 가능성이 있어 통역에 적합하지 못하다. 셋째, 실제로 통역하게 될 가능성이 큰 연설을 골라야 학습동기가 높아진다. 가능한 한 한국과 연관이 많은 연설(Korean connections)이 좋다.

우선 연설의 제목과 장소, 시기 및 청중이 누구인지를 충분히 인지해야 한다. 실제로 통역의뢰를 받았을 때는 해당 행사의 성격과 분위기를 파악할 시간적 여유가 있지만 통역연습을 하거나 각종 통역시험을 볼 때는 5-10분 이내에 최대한 정황(context)을 파악해야 바른 통역을 할 수 있다. 우선 제목을 보고 어떤 내용일 지를 최대한 상상하고, 연설의 일시를 보고 그 날의 역사적 시점을 분석하고, 장소를 보고 분위기를 상상하고, 특히 청중이 누구인가를 보고 연설의 방향을 유추해야 한다. 청중이 한국인 위주인지 외국인 위주인지, 내 · 외국인이 섞여있는 지에 따라 방향이 완전히 달라지는 경우에 유의해야 한다.

오늘은 첫 연설로 IMF 연차총회 총재 연설을 공부한다. 2011년은 세계 경제위기의 해였고, '글로벌 재정위기'가 화두였다. 보통 경제관련 연설은 어렵다. 경제원리를 알아야 통역이 가능해진다. 특히 재정위기는 물가, 환율, 통화 등 어려운 거시경제 이론이 포함되므로 이를 철저히 이해해야 통역을 시도할 수 있다. 다음 연설은 2011년 하반기에 세상의 주목을 받았던 IMF 신임 총재 크리스틴 라가르드 여사의 연설 도입부이다. 라가르드는 프랑스 국적이지만 영어가 능하고 유창한 영어로 연설한다. 그의 전임자였던 성추문의 주인공 스트라우스 칸 전 총재는 같은 프랑스 출신이지만 불어에 오염된 프랑스 식 영어(franglais)를 써 필자는 그의 연설은 교재로 쓰지도 않았고 시험문제로 출제하지도 않았다.

지금부터 예시될 연설들은 전체 혹은 주요 부분을 발췌 후 그중 특히 어려운 부분만 모범적 통역의 예를 제시하고 핵심단어는 굵게 표시한다. 또, 동료들의 통역연습을 위해 연설을 준비한 학생이 동료들에게 사전 브리핑 용으로 배부하는 용어해설목록(glossary)을 덧붙이기도 한다.

" The Path Forward—Act Now and Act Together "

Opening Address to the 2011 Annual Meetings
of the Boards of Governors of the World Bank Group and the International Monetary Fund
Christine Lagarde
Managing Director, International Monetary Fund
Washington DC, September 23, 2011

Introduction: The Spirit of Bretton Woods

Mr. Chairman, governors, honored guests: I am privileged, and humbled, to address you for the first time as Managing Director of the IMF. Let me thank Chairman Ingraham and all of you for your strong support of our institution. And let me acknowledge my friend Bob Zoellick for the great work he is doing at the World Bank.

I want to begin by telling you how I felt when I first walked into the IMF as Managing Director over two months ago. I saw the flags in the atrium. Your flags, the flags of our 187 members, reminding us that we are one global economy, interconnected as never before.

That was a powerful feeling. And I feel it again as I see you this morning, our global membership, here in one place.That is what the IMF is all about. That is the spirit of Bretton Woods. The spirit we must renew today.

We meet at a pivotal moment. A moment of choice.

As we gather inside this hall, the mood outside is grim. All across the world, people worry more and more about their futures—and their children's futures. They are looking to us for solutions.

As Victor Hugo once said: "Great perils have this beauty, that they bring to light the fraternity of strangers". We are by no means strangers, and we are linked by a common destiny. And these turbulent times must bind us ever closer together.

Depending on the choice we make today, and in the weeks and months ahead, our collective economic fortunes will <u>advance or fall back.</u>

We need to act now, and we need to act together.

In that context , I want to talk about three issues:

- First, the state of the global economy;
- Second, the **policy path** forward and the role each must play;
- And finally, how the IMF can serve and support you, our members along that path.

First, the state of the global economy

You have seen our forecasts released earlier this week. Overall, we expect global growth to slow to **4 percent** this year and next. But the advanced economies will only manage an **anemic** 1½ -2 percent.

So, there is a recovery, but it is weak and uneven. And risks have increased sharply.

They are propelled by a negative feedback loop—between weak growth; weak balance sheets among sovereigns, banks, and households; and inefficient political commitment.(급증한 리스크는 정부, 은행 및 가계, 그리고 비효율적인 정치적 의지 사이에서 나온 부정적인 피드백의 고리에서 비롯되었다.) **This has led to a crisis of confidence. And it imposes not only economic, but also social costs.**

Yes, the emerging-market and low-income countries are doing better, harvesting the fruits of sound **policy choices**. But make no mistake: the global south is not immune to **missteps** in the global north. We have entered what I have called a dangerous new phase.

And yet, there is a way forward. The **policy options** have narrowed, but that does not mean there are no options.

***

So let me turn to my second issue: the path forward

What do we want? <u>Inclusive, job-creating, growth</u> must be our goal. But today, we risk losing the battle for growth. With dark clouds over Europe, and huge uncertainty in the United States, we risk a collapse in global demand.

This challenge could not be more urgent.

In our interconnected world, we are all **on** one boat. Any thought of decoupling is a mirage.

But let us be frank—the primary burden of responsibility for addressing the current crisis/ lies with the advanced economies.

I see three policy imperatives for them—fiscal and monetary, financial, and structural.(선진 경제국들이 재정 · 통화, 금융 및 구조 개혁이라는 세가지 정책을 이행하는 것이 시급해 보인다.)

Fiscal policy must navigate between the twin threats of undermining credibility and undercutting recovery. (재정정책은 신뢰와 경기회복 약화라는 쌍둥이 위협 사이를 줄타기해야 한다.) **Advanced countries need fiscal consolidation**(재정 건전화) **as a matter of priority, but, for some, pushing too fast will harm growth and jobs. So the pace must neither be too hesitant nor too hasty.**

It is less a dilemma than a question of timing and confidence. (타이밍과 신뢰.) **If countries have solid measures/ to anchor savings**(저축) **in the medium and long term, they can do more in the short term to accommodate growth.** (중장기적으로 저축을 담보하는 건실한 조치가 있다면 단기적 성장수용에 더 많은 역할을 할 수 있다.) **The amount of available space** (운신의 폭) **depends, of course, on country circumstances.**

As for monetary policy, given that inflation expectations are generally well anchored, it should remain accommodative. (통화정책은 경기순응적이어야 한다.) **And central banks should stand ready to dive back into unconventional waters as needed—as some have done in recent days.**

Turning to the financial sector, we must strengthen banks' balance sheets so that they can lend to fuel growth and adequately face uncertain times with confidence.

We also need stronger consistent and implementable financial regulation(금융규제), **t<u>o make</u> the system safer and sounder—<u>to make</u> financial crises less likely, and <u>to make</u> taxpayer bailouts of reckless**

operators less likely still.(납세자들이 무모한 금융기관들을 구제하는 일이 없도록 하기 위해 금융규제 강화가 필요하다.)

To boost competitiveness and growth, advanced economies must continue with structural reforms구조개혁: **in product and labor markets—and confront vested interests in service sectors, to allow entrepreneurs to 1flourish and 2grow and 3create value.**

We must also pay close attention to the social dimension. Growth alone is not enough. We need growth that supports jobs—we must not lose this generation of young people. We need inclusive growth that benefits the whole of society. We need decent social safety nets.

This is the **policy path**. And the world's largest economies—the United States and the Eurozone in particular—have a special responsibility. They have begun the effort. It must be accelerated as a matter of urgency.

The United States must reduce its fiscal deficit(재정적자) **over the medium and long term, deal urgently with unemployment, and relieve pressure on overly-indebted households.**

Europe must deal urgently with the twin problems of sovereign and bank debt, and deal with them together. The countries at the heart of the crisis must implement the programs to which they have committed. And their European partners must do whatever it takes to support them—as they have committed to do.

***

So far, I have focused on the responsibility of the advanced economies. I believe this is right/ because they are at the forefront of the crisis, and because decisions taken by them affect everyone else—the Kenyan farmer, the Brazilian designer, the Chinese entrepreneur.

But of course, we need to look further ahead—to the ultimate objective of rebalancing the global economy. And to achieve that, all must play their part.

In many emerging markets, growth has been resilient(자생적)**. But the**

external surplus(무역흑자) countries now need to rely more on domestic demand(국내수요).

Especially in Asia, they need it to generate more inclusive growth(더 포용적인 성장)—to "finish the job" started by the historic reduction in poverty over the past few decades. This can also help propel the global recovery.

In other emerging markets with current account deficits(경상계정적자), including in Latin America, the challenge is to reduce overheating and preserve financial stability.

The low-income countries must play a role too—to rebuild the policy buffers(완충정책) that have served them well during the crisis, and to invest in growth and employment creation(고용창출). The international community must help these countries help themselves.

This includes the urgent action needed to help the people in the Horn of Africa, who are facing the most devastating human catastrophe in a generation.

And all across the Middle East and North Africa, I am convinced that the Arab Spring provides a historic transformational opportunity: to unlock the full potential of the region and bring about **higher and more inclusive growth**.

We are all in this together. And cooperation will pay off.

The IMF has estimated the benefits: a potential increase in world GDP of 1½ percent 1.5% and 20 million more jobs over the next five years.

On that note, let me turn to my third and final issue: the role of the IMF and how we can help.

I have a **core belief** about the Fund. It is here for one reason, and one reason only—to serve you, our global membership. Our role is to bring countries together and facilitate comprehensive and collaborative solutions.

Policymakers can learn from each other. Those who have weathered the storm(폭풍을 이긴) in previous crises/ can share their expertise with those facing the storm. The Fund can facilitate this.

The Fund has been striving to do this throughout its history. I believe that, with your support, we can do even better. How?

First, we can do more in the area of providing the best possible, objective **analysis and advice** through our surveillance. Candor is sometimes hard to accept, but is especially valuable when choices are hardest.

Today, we are focused more than ever/ on the vulnerabilities and spillovers(취약성과 주변영향) **that run through our interconnected world. This will feature even more/ in our work in the future.**

Second, our lending can do more to contain and resolve crises.

Our lending/ helps soften the economic and social costs of crises—for example, by allowing low-income countries to protect and increase(보호 및 증가) **spending on health and education. And our precautionary lending/ can help protect countries from the gales of contagion.**

We look forward to discussions with our membership on how we might help fortify our lending and the global financial safety net overall. We will be creative if needed.

***

Third, we can help our members more with our technical assistance and training. Often overlooked, these services lay the foundations for a better tomorrow.

As an example, we helped the **ministry of finance** in Liberia pay teachers directly into their bank accounts, avoiding costly disruptions in classroom time. And we are helping to turn the dreams of the Arab Spring into reality—for instance, by working with Egypt to modernize its **tax system**.

To be even more effective, we need an IMF that looks even more like our membership. We must mirror each other.

Significant progress has been made on representation and governance issues/ in recent years. Now we must go further. As a priority step, I urge all of you/ to implement the 2010 reforms.

I want you to know/ that I will be attentive to your concerns. I want to listen to you. And to do so, I will travel to Africa, Asia, Latin America, and the Middle East in the coming months.

I also would like you to know that from the moment I walked into the building last July, I was impressed by the magnificent staff here. Behind all the reports and statistics, it is sometimes forgotten that there are real people—a dedicated and diverse cadre of professionals—working hard to find solutions to some of the world's most difficult problems.

I am proud of them. I hope you are too.

And let me also recognize and thank the Board of Executive Directors (집행이사회)**for all their support, dedication, and hard work.**

Conclusion—the Choice

Mr. Chairman, governors: I said at the outset/ that we faced a choice. Three years ago, we faced a similar **fork** in the road. Then, the global community chose wisely. We came together with a sense of unity and purpose. We acted boldly—and in doing so, we helped **stave** off a second Great Depression.

Now we are at another critical juncture. We must choose wisely again. The need is urgent. The actions I am calling for today are not for the coming years—they are for the coming months.

Our problems may be largely economic, but the solutions are largely political. We need commitment. We need courage.

On the occasion of these Meetings, I hope that we can reach common diagnosis, and agree on the set of policy recommendations that you will propose to your leaders and heads of government/ so that we can pave the path to collective action—and walk the path to recovery.

If we can do it, I am hopeful that when we meet again in Tokyo next year, we will be greeting a new dawn.

Just as I saw the flags on that first day at the Fund, I see them here again today in your eyes.

A symbol of our interconnectedness. A symbol of one global community. A symbol of the IMF. There is a path forward. Let us take it. Together.

Thank you.

위 연설에서 굵은 글씨와 괄호 속의 번역을 완전히 이해하고 암기할 정도가 되어야 통역이 가능해진다. 동료학생의 통역 연습을 위해 이 연설을 준비하는 학생은 GLOSSARY를 준비해 사전에 배부해야 하는데 그 예는 다음과 같다. 이와 유사한 자료를 만들려면 몇 시간이 걸린다. 그래서 과연 그런 수고를 할 가치가 있느냐고 반문할 지 모른다. 그러나 이런 사전 연구가 없이는 통역연습을 할 수도, 할 필요도 없다. 동료가 통역을 한 후 던질 가능성이 있는 모든 질문에 답해줄 수 있을 정도의 사전 연구가 필요하다. 순서에 따라 연설을 준비하는 학생은 동료학생이 아니라 자신의 지식 습득을 위해 이런 준비를 한다는 생각을 해야 한다. 이런 준비를 잘 할 수 있는 학생만이 통역도 잘 할 수 있음을 명심해야 한다.

〈 GLOSSARY 〉

" The Path Forward—Act Now and Act Together "

Title: Opening Address to the 2011 Annual Meetings of the Boards of Governors of the World Bank Group and the International Monetary Fund(2011 IMF、세계은행(WB) 연차총회)

Speaker: Christine Lagarde, Managing Director, International Monetary Fund

Venue & date: Washington DC, September 23, 2011

1) **Chairman Ingraham:** 잉그램 의장

Hubert Ingrahan: 휴버트 잉그램(바하마 총리)

2) **Bob Zoellick:** 밥 졸릭(세계은행 총재)

3) **the spirit Bretton Woods:** 브레턴우즈 정신

□**Bretton Woods System:** 브레턴우즈 체제

1944년 7월 미국 브레턴 우즈에서 열린 연합국 통화금융회의에서 승인된, 국제통화기금(IMF)과 세계은행(IBRD) 협정을 중심으로 한 국제통화 체제를 말한다. 브레턴 우즈 체제의 주된 목표는 제2차 세계대전 전 각국의 평가 절하 경쟁으로 국제경제 · 통화 제도가 파탄됐던 사실을 반성하고 IMF를 통해 가맹국의 외환 시세를 안정시키는 일이다.

□**Bretton Woods Conference:** 브레턴우즈 회의

1944년 미국 **New Hampshire** 주의 **Bretton Woods**에서 개최된 국제 통

화 금융 정책 회의; **IMF**와 **IBRD**를 설립

ㅁ**Bretton Woods Agreements:** 브레턴우즈협정

4) **Victor Hugo:** 빅토르 위고(프랑스 작가/ 레미제라블, 노트르담의 꼽추 저자)
"Great perils have this beauty, that they bring to light the fraternity of strangers"

5) **decoupling:** 디커플링 (분리)

6) **fiscal consolidation:** 재정 건전화

7) **inflation expectations:** 인플레 기대심리

ㅁ소비자들에게1년 뒤 소비자물가지수(CPI)가 얼마나 오를 것 같은 것은 가를 조사

8) **current account deficits:** 경상계정 적자/경상수지 적자

ㅁ국제 교역 중 실물 거래를 반영, 자본 계정과 대조되는 개념

8) **policy buffers:** 완충정책

9) **the Horn of Africa:** 아프리카의 뿔

ㅁ아프리카 북동부 10개국: 에티오피아(**Ethiopia**) 소말리아(**Somalia**) 에리트레아(**Eritrea**) 지부티(**Djibouti**) 수단(**Sudan**) 부룬디(**Burundi**), 케냐(**Kenya**), 르완다(**Rwanda**), 탄자니아(**Tanzania**). 우간다(**Uganda**)를 말한다. (이런 지명이 나오면 바빠도 해당 지역의 세계지도를 한 번 펴보면 큰 도움이 된다. 지리적 배경이 많은 것을 말해주니까…)

10) **the Arab Spring:** 아랍의 봄(재스민 혁명)

11) **vulnerabilities and spillovers:** 취약성과 파급효과

12) **precautionary lending:** 예방대출제도

ㅁ예방대출제도(Precautionary Credit Line ; PCL)

예방대출제도(PCL)는 탄력대출제도(FCL)의 기준에는 미치지 못하지만, 건전한 정책을 수행하는 국가 중 희망국에 한해 사전 유동성 공급으로 위기를 예방하고자 하는 제도를 말한다. FCL은 펀더멘털은 우수하지만 일시적 유동성 위기를 겪는 국가에 별도의 조건 없이 지원하는 제도로 2009년에 도입되었지만, 국제통화

기금(IMF)의 자금 대출에 따른 낙인효과를 우려해 실적이 저조했던 탓에 IMF이사회는 2010년 대출한도 폐지와 인출기간 연장으로 FCL을 개선하고 PCL을 신설했다. 이에 따라 FCL은 경제 펀더멘털이 좋은 국가에 한해서만 대출이 가능하지만, PCL은 모든 국가가 그 혜택을 받을 수 있는 것을 장점으로 하며, 쿼터의 1000% 한도 내에서 6개월간 인출이 가능하다. FCL과 PCL은 외부 충격으로 인해 유동성이 부족한 국가에 충분한 자금을 빠르게 지원해 위기 확산을 막고, 나아가 사전예방을 가능케 하는 것을 목적으로 한다.

ㅁ탄력대출제도(Flexible Credit Line ; FCL)

'신축적 신용공여제도(FCL)'라고도 불리는 이 방식은 자금을 필요로 하는 국가가 IMF에서 필요한 만큼 돈을 빌릴 수 있는 방식을 뜻한다. IMF는 2008년 10월에 3개월짜리 단기대출 제도인 '단기 유동성 지원창구(SLF: Short-term Liquidity Facility)'를 만들었지만 대출 실적은 한 건도 못 올렸다. SLF가 한국 멕시코 등 주요 신흥국가를 지원 대상으로 고려해 개설됐으나 자칫 구제금융으로 오인될 수 있었기 때문이다. 이에 따라 2009년에는 대출기간을 최고 5년까지 연장한 FCL을 선보였다.

gales: 강풍, 돌풍, 질풍

cadre: 간부단, 핵심 그룹

제2강 한국 경제 관련 연설

2011년 6월 17일 과천 정부종합청사의 기획재정부 1층 회의실에서 2011 IMF Clause IV Consultation (우리 말로는 IMF 회원국 연례협의회라 함) 종결 후 기자회견에서 IMF 한국 담당 과장인 인도 출신 경제학 박사가 한 서두 연설이다. IMF 사이트(www.imf.org)에도 올라있는 내용인데 실제 현장에서 발화된 이 연설과 번역은 이 세상 어디에도 없는 기록이다..

1강의 IMF 총재 연설보다 더 어려울 가능성이 있다. IMF가 상대국 정부 관련 부서와 거시경제적 정책을 협의한 내용이므로 거시경제 전반을 이해하고 있지 않으면 통역이 아예 불가능하다. 첫 술에 다 이해할 수는 없으므로 시간을 두고 연구와 학습을 해야 한다. 고딕체는 주요 용어들이니 번역본과 대조해 공부한다.

Good afternoon.

Since you have all receive the IMF staff's press statement we have issued to conclude this year's IMF Article IV consultation mission, I would like to begin this press conference by highlighting our key findings and policy recommendations. My colleagues and I will then be happy to take your questions on our views and outlook for the Korean economy.

"The Korean economy is now in a **robust expansion**. The process of recovery from the global financial crisis is complete for Korea, and the economy is running on its own steam and does not need any more support from **accommodative policies**"

"The main risks to the Korean economy come from developments elsewhere in the world."

Even though Korea's exports are well diversified, a protracted **slowdown** in the advanced economies could limit **the upside** to Korean exports, such as the problems due from the European periphery.

Domestic risks mainly relate to the ongoing weaknesses in the **construction sector** and the impact of higher-than-expected inflation on future consumption.

Despite some recent indicators, we think the underlying strength of the expansion remains intact. As a result, we expect GDP growth at 4.5 percent this year, somewhat above our estimate of the economy's **underlying potential**, before maturing to 4.2 percent next year.

"We commend Korea's long-standing commitment to **fiscal prudence**. In this regard, we welcome the plan to achieve balance in the budget (excluding **social security**) by 2013-14. However, monetary policy could play a greater role at this stage of the cycle.

"We see inflation pressures as remaining elevated, given the **underlying robustness** of the expansion and some second round effects due from the **food and fuel prices**, both of which are becoming evident in the rise of the **core inflation**."

In the second half of this year the effect of food and fuel prices are expected to diminish and so we expect **domestic demand** factors to be dominant drives of inflation pressures. The current **real policy rate** is negative [elaborate], and contributes to the further build up of domestic demands. Steady policy rate hikes will help to contain **inflation pressures** due from domestic demand and anchor **inflation expectations**. This would help avoid any risks of overheating.

"We expect average headline inflation around 4.3 percent this year and 3.6 percent next year. The most important policy priority therefore now is to adjust macroeconomic policies to contain inflation pressures going ahead."

"We share concerns about the rising indebtedness of households, but do not see it as limiting the room for macroeconomic policy adjustments. On the contrary, policy rate hikes will discourage households from excessive borrowing, and help contain the buildup of **household debt**."

Of course, dealing with household debt requires policy coordination on many fronts. We see the following as the key elements of tackling the household debt in addition to appropriate monetary policy setting:

(i) Structure of mortgage debt should move away from an excessive reliance on floating rate bullet loans, which puts the risk solely on the households, towards amortizing fixed rate

(ii) Household incomes should rise through more and equitable employment opportunities, especially in the **NT sector**

(iii) Housing policies should focus on avoiding the buildup systemic and excessive leverage in households and the real estate sector.

We look forward to hearing the details of the authorities' plans on the end of the month.

"We do not see the recent troubles in some **Mutual Savings Banks** as posing a threat to the wider financial system's stability." The size of the sector is very small compared to the rest of the financial system, and the linkages are limited. And we support the authorities' intentions to resolve the balance sheet problems in some of these MSBs.

Banking sector is well-capitalized, liquid, and stable. The recent regulations have helped to excel the soundness of the sector, and we welcome the authorities' intentions to maintain the soundness of the sector through **vigilant supervision and regulation**.

"We share the government's view that it is important that policies need to be well coordinated across all available instruments to ensure that the economy and financial system remain **resilient**, and that there is no further build up of vulnerabilities"

As demonstrated by the global financial crisis and its impact on the Korean economy, having a strong fundamentals and macroeconomic policies do not always insulate the economy from external shocks. The impact on consumption and incomes from the recent crisis was comparable to that of the 1997-98 crisis in Korea, despite much stronger fundamentals.

This means there is further room to enhance the resilience of the economy through even close coordination of macroeconomic and financial policies. This will help prevent the build up of vulnerabilities as well as capturing the linkages across sectors. For example, while **micro- and macro-prudential policies** are the main tools to deal with financial stability in specific areas, such as the banking system or housing markets, macroeconomic policies can play an important role in limiting the build up of leverage over the economic cycle.

"Looking ahead, further efforts to rebalance the economy between tradables and nontradables will be necessary." This will help improve the resilience of the economy to external shocks, as well as lay the foundations for equitable growth. This will require continued reforms along a number of dimensions. In particular, leveling the playing field between the **tradable and nontradable** sector would help the **nontradable sector** become a second engine of growth. This needs to be accompanied by broader efforts to increase the flexibility of labor and product markets.

My colleagues will be happy to take your questions on our assessment of the Korean economy.

〈모범 번역〉

안녕하십니까? 올해 IMF 연례협의를 마무리 지으면서 작성한 기자회견 발표문을 이미 여러분께 나눠드린 관계로, 본 기자회견은 회의의 주요 결과 및 정책 권고사항을 중심으로 설명 드리면서 시작하고자 합니다. 이후 저와 제 동료들이 한국경제에 대한 IMF의 견해와 전망에 대해 여러분의 질문을 받도록 하겠습니다.

한국경제는 현재 견조한 성장세를 이어가고 있습니다. 글로벌 금융위기로부터의 회복과정이 이미 완료가 되었고, 경제가 자체적으로 운영되고 있어서 추가적인 경기순응적 정책이 필요치 않은 상황입니다.

한국경제의 주 위험요인은 외부 상황에 기인하고 있습니다.

한국 수출이 충분히 다변화 되어있기는 하나, 유럽 주변부 국가 문제와 같이 선진국의 장기화된 경기침체는 한국 수출 증가에 부정적인 영향을 미칠 가능성이 있습니다.

국내 위험요인은 계속되는 건설부문 약세와 당초 예상보다 높은 미래 소비에 대한 인플레이션 압력과 깊은 관련이 있습니다.

그러나 최근에 발표된 일부 경제 지표에도 불구하고 성장 잠재력은 여전히 건재하다고 생각합니다. 그 결과, 올해 GDP 성장률은 당초 예상했던 성장 잠재력을 상회하는 4.5%를 기록하고 내년에는 4.2%에 머무를 것으로 예상하고 있습니다.

IMF는 한국의 재정건전성 제고에 대한 변함없는 의지를 높이 평가합니다. 이런 점에서 2013-2014년까지 균형예산을 달성하고자 하는 한국 정부의 계획(사회보장부문 제외)을 환영하는 바입니다. 그러나 현 단계에서는 통화정책의 역할이 더욱 큽니다.

견조한 성장 잠재력과 근원물가 상승에서도 극명히 나타나고 있는 식료품과 연료 가격 상승에 따른 2차 효과를 감안했을 때 현재 인플레이션 압력은 높은 상태로 유지되고 있는 것으로 보입니다.

올 하반기에는 식료품 및 연료 가격의 효과가 감소함에 따라 내수 요인이 물가상승 압력을 주도할 것으로 예상하고 있습니다. 현재 마이너스 실질 정책 금리가 유지되어 (추가설명 要) 추가적인 내수 진작에 기여하고 있습니다. 꾸준한 정책 금리 인상을 통해 인플레이션 기대심리 및 내수 증가에 의한 인플레이션 압력을 억제하고 이를 통해 모든 경기 과열 위험을 막을 수 있을 것입니다.

평균 소비자 물가지수는 올해와 내년에 각각 약 4.3%와 3.6%를 기록할 것으로 예상됩니다. 따라서 현재의 정책 우선순위는 거시경제정책의 조정을 통해 앞으로의 인플레이션 압력을 억제하는 것입니다.

가계부채 증가가 우려사항이기는 하나, 이로 인해 거시경제 정책 조정의 폭이 제한되지는 않을 것으로 내다보고 있습니다. 오히려 정책 금리 인상을 통해 가계의 과도한 대출을 막고 가계 부채 증대를 억제할 수 있을 것입니다.

물론 가계부채 해결에 있어서는 다각도의 정책 조율이 요구됩니다. 적절한 통화정책과 더불어 다음과 같은 사항이 요구됩니다.

첫째, 가구가 전적으로 위험을 부담하는 현행 유동금리 불릿론(만기전액일괄상환형융자)에 대한 과도한 의존을 줄이고 고정금리상환제도로 전환해야 합니다.

둘째, 비교역 부문에서의 동등한 고용기회 증대를 통해 가계소득 증가를 꾀해야 합니다.

셋째, 주택 정책은 가계 및 부동산 부문의 과도한 구조적 차입 증대 억제에 집중돼야 합니다.

이번 달 말 당국의 세부계획 발표를 기대합니다.

최근 상호저축은행 사태가 금융 체제 안정을 위협한다고 생각하지 않습니다. 상호저축은행 부문은 금융 체제에서 극히 일부분을 차지하며 연관성 또한 제한적입니다. 또한 일부 부실 상호저축은행의 재정 건전성을 확립하고자 하는 당국의 의지를 지지합니다.

한국 은행 부문의 자본화 비율, 유동성, 안정성은 뛰어납니다. 최근 규제를 통해 은행 부문의 건전성을 향상시켰으며, 엄격한 규제감독을 통해 은행 부문 건전성을 유지하려는 당국의 의지를 높이 사는 바입니다.

경제 및 금융 체제의 자생력 유지와 취약성 확대를 방지하기 위해 가능한 모든 수단에 대한 효과적인 정책 조율이 중요하다는 한국 정부의 견해에 동의합니다.

세계 금융 위기와 한국 경제에 미친 파급효과에서 볼 수 있듯이, 견실한 경제 체질과 거시경제정책이 항상 일국의 경제체제를 외부 충격으로부터 보호할 수 있는 것은 아닙니다. 최근 위기가 소비 및 소득에 미친 타격은 현재 경제 체질이 건실함에도 불구하고 1997-1998년 한국 외환 위기 당시에 버금갑니다.

즉, 거시경제정책과 금융정책 간 긴밀한 공조를 통해 자생력을 강화할 수 있는 여지가 있습니다. 이를 통해 취약성 확대를 예방하고 부문간 연관성을 파악하는데 도움을 줄 것입니다. 예를 들어, 미시 · 거시건전성 정책을 통해 은행권 및 주택시장과 같은 특정 분야의 금융 안정성을 확보하는 한편, 거시경제정책은 경기 순환주기 전반에서 발생하는 차입 증대를 제한하는 데 중요한 역할을 할 수 있을 것입니다.

향후 교역과 비교역 부문 간 균형회복 노력이 배가되어야 할 것 입니다. 이를 통해 외부 충격에 대한 경제의 자생력을 향상시키고 균형성장의 기반을 마련할 수 있을 것입니다. 이를 위해서는 다각적인 측면에서 개혁이 지속적으로 이뤄져야 합니다. 특히 교역과 비교역 부문 간 공정경쟁의 장을 마련함으로써 비교역 부문이 한국경제의 제2의 성장동력이 될 수 있을 것입니다. 여기에는 노동 · 제품시장의 유연성을 높이기 위한 포괄적인 노력이 동반되어야 합니다.

이제 IMF의 한국 경제 평가에 대한 질문을 받도록 하겠습니다.

제3강 국제 경제기구 고위 관리의 연설

그렇다면 세계 선진국들의 모임인 OECD의 수장은 세계 경제를 어떻게 진단하고 전망하고 있을까? 우선 국제기구의 수장들의 연설을 통역하기 전에 해당 연사의 국적과 경력을 참조하는 것이 통역에 크게 도움이 된다. 앙헬 구리아 사무총장은 60세가 넘은 멕시코 출신의 경제학자로 스페인어가 모국어이지만 하바드 대학원에서도 수학한 덕분인지 영어 연설에 문제점이 없어 보인다. 주요 국제기구에는 영어를 모국어로 하는 연설문 작성자(ghost writer)나 번역사들이 있기 때문에 특히나 해당 기구 홈피에 올라있는 영문에는 큰 문제점이 없다. 그러나 가끔씩 영어가 아닌 모국어로 행한 연설의 영어 번역이 그 모국어에 오염된 듯한 영어로 번역되어 올라와 있는 경우도 있으니 유의해야 한다.

The economic outlook: risks and solutions

Remarks by Angel Gurría, OECD Secretary-General,
delivered at Instituto de Empresa, Global Alumni Forum
30 September 2011, Madrid, Spain

Dear **Guillermo**, Ladies and Gentlemen,

Thank you for giving me the opportunity to speak to you at your **Global Alumni Forum**. The **Instituto de Empresa** is undoubtedly one of the most prestigious business schools in the world, so it is a great honour to be here tonight to discuss the world's current economic outlook.

Our discussions come at a critical time. As you know, the global scenario is worsening. Hardly a week goes by/ without growth forecasts being reviewed down, the stock exchanges registering massive losses, and rating agencies **downgrading the sovereign debt** of major economies and companies. We urgently need to reverse this trend and get back on the road to recovery.

Let me share the OECD's assessment of the current situation/ and outline some of the policy challenges we face, particularly in the Eurozone.

< A worsening global scenario >

Only a few months ago, global recovery seemed to be on track/ following the worst crisis in our lifetime. Recovery was progressing at different speeds across countries and regions, but it appeared to be becoming both **self-sustained** and more **broad-based**.

However, the rebound has faded, particularly over the last three months. The **OECD Interim Assessment**, presented last 8 September, projected considerably slower growth in the final two quarters of this year: economic growth in the G7 economies excluding Japan will remain at an annualised rate of less than 1% in the second half of 2011. Although growth will remain stronger in most emerging markets, it will do so at a more moderate pace than initially thought.

Among the main reasons for sluggish growth are concerns about **sovereign debt distress and related-bank exposure**, as well as budget developments in the United States and the euro area/ to support a weak recovery. As a result, consumer confidence is falling.

In addition to this, job creation remains low and unemployment levels are unacceptably high: it constitutes **the human face of the crisis**. According to the **OECD Employment Outlook**, released two weeks ago, only a small dent has been made in the high unemployment levels experienced by a number of countries during **the "Great Recession" of 2008-09**.

By mid 2011, unemployment in the OECD area was still above 44 million, over 13 million higher than its pre-crisis level. As you know well, Spain is a critical case: unemployment is above 21%, compared to 8.2% in the OECD area. We estimate that 2.2 million new jobs are needed to bring Spain's unemployment rate back down to its pre-crisis level – which was already higher than the OECD average. The difference we witness among countries—some of them with unemployment rates of 3-5% and others with double digit figures—illustrates that good policies make a difference. The variance between regions in Spain also highlights the importance of transforming the economic model and fostering those sectors that create jobs.

Another important aspect of this bleak scenario is the state of public finances. The current situation finds many governments and central banks with **limited room for manoeuvre**, and certainly **less fiscal and monetary ammunition** than most enjoyed three years ago.

The scaling back of public demand as a result of fiscal consolidation packages may have been faster than anticipated. And while substantial **balance sheet adjustment** by households and business was expected post-recession, especially in light of the **imbalances** that built up in the lead up to the recession, the adjustment seems to have been more drastic and perhaps earlier than expected.

Some additional factors have also contributed to the current slowdown. One is the global impact of the Japan disaster of May 2011, which caused severe disruption to global **supply** chains—now fully normalised. Another one is the unrelenting climb in commodity prices over the past 18 months, which seems to have been more damaging to activity than previously thought—here/ we also witness a certain drop.

< What to do? >

So what can we do? Effective actions aimed at restoring the confidence of households, businesses and financial markets are urgently required.

While short-term action is critical, clearly articulated commitments to credible medium-term policy measures hold the key to addressing immediate confidence issues and laying the groundwork for **future self-sustaining growth**. The ongoing **crisis of confidence** largely stems from failure in dealing with some long-standing fundamental issues.

Let me underline this: policy-makers need to think and act along the lines of a far-sighted approach rather than base their decisions on daily headlines or weekly movements of financial markets. Short term, emergency reactions without a medium and long-term strategy will only bring temporary relief.

Decisive action on this front needs to start today, with medium and long-term policies including:

(i) Tackling the debt issue and putting public finances on a sustainable track. This will require leadership and commitment towards the implementation of credible consolidation plans, and the creation of sustainable fiscal frameworks.

(ii) Secondly, advancing structural policies and reforms which tackle the legacy of the recession and enhance the growth potential of the economy. Here I am thinking in particular about policies that focus on promoting long-term employment and jobs that the economies of the 21st Century demand.

(iii) The third set of policies includes those aimed at getting financial systems back onto a sound footing. Indeed, in some countries this will require measures aimed at the **recapitalisation** of banks (and their funding).

(iv) Fourth, we need to implement policies that promote inclusive growth and help those made most vulnerable by the crisis. This is absolutely critical to give people a sense of common purpose that can help create the necessary consensus to support reforms. Tackling unemployment and inequality is paramount. We cannot fail again at allowing people to enjoy the benefits of globalisation.

(v) And last, but not least, we need to consolidate the global coordination tools that can help us respond with promptness and determination to global challenges. Improved global governance through t**he G8, G20, the FSB and the Framework for Strong, Sustainable and Balanced Growth** is fundamental to orchestrate responses like the ones we witnessed in 2008 and early 2009.

< Tackling the problems in the Eurozone >

I will conclude by saying a few brief words on the Eurozone and the risks it faces.

The core challenge in Europe today is to deal with mounting imbalances within the region. For some, the answer lies in f**ine-tuning the European Monetary Union's architecture** in order to accommodate the independent nationally sovereign fiscal policies and different levels of productivity growth across the region. For us, the only way out—the only long-term fix to the problem— is the need to strengthen the governance of the euro area by promoting further fiscal integration.

The current contradiction between the full centralisation of monetary policy and the maintenance of other key policies, such as fiscal policy, at the national level needs to be addressed. Sounder national regulations and institutions, coupled with stronger European Union rules and discipline, are needed.

Among some of the concrete measures, **the European Financial Stability Fund** should be ideally increased to at least 1 trillion Euros. This would send a clear signal that governments understand the magnitude of the problem and have the firepower and the will to use it. We should also seriously consider the benefits of launching **Eurobonds**.

Together with addressing the broader issue of the euro zone's architecture, it is true that the key requirement for most individual member countries remains to consolidate their budgets in line with announced medium-term plans. At the same time, the challenge is to achieve this goal while supporting medium-term growth. This implies the need to introduce some flexibility in the consolidation path, particularly if the economy weakens significantly in the coming months.

Let us be clear: consolidation and **tough adjustments** are necessary, in particular in the three countries that have asked for assistance from the EU and IMF: **Ireland, Greece and Portugal**. As part of the agreements with the EU and IMF, they are implementing important **packages**. Other countries like Spain, Italy and the United Kingdom have also taken decisive measures and, in some cases, have made long-term commitments through amendments to their constitutions. Those with fiscal space should definitely use it. But more importantly for both sets of countries in the euro-area, they need to pursue comprehensive structural policy reforms to complement these efforts.

Ladies and Gentlemen,

We are at a critical juncture. The world economic outlook has weakened and growth is losing steam, while public and private debts are holding back investment and consumption. Many governments are caught in a vicious circle, with less ammunition at their disposal than three years ago.

But policymakers can break this cycle if they seize the initiative, rather than **simply react to the beat of the markets** or the rating agencies. This implies going strategic, going structural, and going social. I hope we are up to the challenge.

Thank you for your attention and I look forward to a fruitful discussion moderated by Guillermo.

〈 GLOSSARY 〉

The economic outlook: risks and solutions

· 연사: Angel Gurría, OECD Secretary-General
· 행사: Instituto de Empresa, Global Alumni Forum
· 일시 및 장소: 30 September 2011, Madrid, Spain

1. **Instituto de Empresa**
   : IE 비즈니스 스쿨(세계 명문 **MBA**로 평가되는 스페인 비즈니스 스쿨)
2. **Guillermo**
3. **Global Alumni Forum: IE** 동문의 연례 행사.
4. **downgrading the sovereign debt**: 국가신용도 하락
5. **recovery is becoming both self-sustained and more broad-based**
   : 경제회복세가 자생적으로 기반을 확대하고 있다.
   자생력을 강화하고 있다/자립 가능한 수준으로 가고 있다, 경제회복이 확대되고 있다
6. **OECD Interim Assessment: OCED** 회원국 경제 전망 중간평가 보고서
7. **sovereign debt distress and related-bank exposure:** '익스포저' (거래에 따 른 손실 위험)
   예) 무디스는 동유럽 경제가 급격하게 침체로 치달으면서 이 지역 익스포저가 큰 서유럽 은행들의 등급을 대거 하향할 수도 있다고 밝혔다.
8. **OECD Employment Outlook: OECD** 고용전망
9. **the "Great Recession" of 2008-09**

10. **limited room for manoeuvre:** 제한적 운신의 폭

11. **fiscal and monetary ammunition:** 재정 및 통화 정책수단

12. **balance sheet adjustment:** 재무건전성 제고

* **EU** 집행위 평가보고서: "금융위기 이후 기업들이 부채감축 등 재무건전성 제고 노력을 펴면서 경기회복에 발목을 잡고 있다"

(기업의 투자 및 지출 감축 -> 수요 및 생산 감소 -> 경기회복 지연)

13. **crisis of confidence:** 신뢰의 위기

14. **recapitalisation of banks:** 자본재구성/ 자본확충 / 재자본화

부실자산이 누적돼 자본이 고갈된 은행에 자본을 늘려줌으로써 지급불능의 위험에서 벗어나도록 하는 것

15. **FSB (Financial Stability Board):** 금융안정위원회

(금융규제 관련 국제기준 제정을 총괄 · 조율하는 국제기구)

16. **the Framework for Strong, Sustainable and Balanced Growth**

: 강력하고 지속가능하며 균형된 성장을 위한 프레임워크/정책공조체계

17. **European Monetary Union:** 유럽경제통화동맹

유럽공동체(**EC**)의 통화통합을 위한 동맹으로 유럽중앙은행을 창설하고 각국 통화의 환율을 고정시켜 최종적으로는 동일한 통화를 발행하는 것을 목표로 하고 있다.

18. **European Financial Stability Fund (EFSF):** 유럽재정안정기금

유로화를 사용하는 유로존 17개국이 2010년 5월 유럽 재정위기에 대응하기 위해 만든 특별기구. 유로존 정부의 출자금과 지급보증을 기초자산으로 채권을 발행하거나 회원국 정부에 차관을 제공. 현재 대출여력 약 4400억 유로 확보

19. **Eurobonds:** 유로존 회원국이 연대보증하는 채권

20. **tough adjustments**: **'adjustment program:** 조정프로그램'

제4강 FTA 관련 연설

2011년의 또 하나 화두는 FTA 였다. 한-EU FTA의 한글 번역본에 오류가 많다 하여 국회를 중심으로 난리법석이 난 데 이어 한미 FTA는 국회비준이 늦어져 국민들의 우려를 자아냈다. 이에 두 FTA를 주제로 한 연설을 소개한다. 첫 째는 서울에 있는 유럽상공회의소에 EU의 통상담당관이 와서 한 연설이고 두 번째는 미국 하원의 외교위원장이 전체 위원회 청문회에서 콜롬비아, 파나마 및 한국과의 FTA에 대해 한 증언이다.

첫 연설은 EU 통상담당관이 주한 유럽기업 대표들에게 한 연설임에 유의해야 한다. 공식적으로 한국인 청중은 없으므로 〈자기들끼리〉 한 얘기임을 염두에 두고 통역의 방향을 잡는 것이 중요하다. 한-EU FTA 발효 100일을 맞아 EU와 EU 회원국의 유럽 기업들이 어떻게 해야 할 지를 설명하는 연설이므로 EU의 입장에서 통역을 하는 것이 중요하다.

100 days EU-Korea FTA, Speech at the EU Chamber of Commerce in Korea (EUCCK) Karel De Gucht, European Commissioner for Trade Seoul, South Korea, 11 October 2011

Ladies and Gentlemen,

Several days ago (8 October) we reached a symbolic first "100 days" since the entry into force of our ground-breaking, Free Trade Agreement with South Korea. This agreement is important. Important not only because of the benefits it brings to the businesses you represent/ but also because of Asia's potential as a whole to be a motor for economic growth and for jobs throughout the coming decade. This agreement takes Europe's relationship with Asia, and South Korea in particular, to a new and higher level. It also provides a much-needed vote of confidence for global trade – and I would argue for the global trading system.

This trade deal is the most ambitious, bilateral agreement ever negotiated by the European Union. This is reflected in the complexity of ensuring its smooth and efficient implementation. We must get that implementation right/ to realize the full potential of this relationship.

I will be meeting Korea's Trade Minister Kim later today, and tomorrow. We will have the first formal stocktaking with him of how things are working on the ground. We will do this within the new institutional set up, designed to monitor progress and, where possible, anticipate and resolve problems that are detected.

Assessment of the "First 100 days" of the operation of the Agreement:

So three months on where do we stand? Can we see the first results and success stories? Well of course, we will have to wait a little longer to be able to draw up a full balance sheet. This needs to be based on several months of trade data. Nevertheless, I believe we can already see some encouraging signs – and I hope to have these confirmed in your own experiences.

- **First,** in July the EU posted its first trade surplus with Korea in over 10 years. This coincided with the application of the FTA. And although it may be too early to talk of an "FTA bounce", as those figures returned in August to the "normal" trend of a Korean trade surplus, I believe this was an important signal of the potential we can now unlock.

- **Second,** since 1 July when the first duty cuts kicked in, the volume and value of exports for certain EU products have jumped – from pork, wine and chocolate to luxury brands (such as premium cars, clothes and accessories). The same is true for furniture and machine tools. At the same time the prices paid by Korean consumers have dropped, while the range of what's on offer is steadily growing.

And I understand Koreans are noticing the difference. There has never been a better time to "buy European".

- **Third,** this deal – like other trade deals – is also having an impact on the broader Korean economy. It is helping Korean efforts control inflation through lower prices. This is particularly true for food.

- **Fourth,** your businesses can hear the steady sound of red-tape unraveling as the conditions you have to meet to bring your products and services onto the Korean market are simplified. For example, since 1 July there is no longer a need for double certification for most safety standards for EU cars imported into Korea – this is a sector currently representing 8% of our exports. The same is true for electromagnetic compatibility and electrical safety standards for EU industrial machines – which can now be self-certified in Europe. This is a big cost reduction for a sector that represents over 30% of current exports. The same will be true in other important areas, such as the financial services, once transitional periods are over.

Taken together/ the reality of lower duties, simpler regulation /and the prospect of more to come is providing a positive boost to general business climate. So all in all, this is a trade deal that is helping to bring Europe closer to Korea.

이 부분이 이 연설의 가장 어려운 내용이다. (네번째로 유럽기업들이 한국 시장에 상품과 서비스를 수출할 때 지켜야 하는 조건들이 단순화됨에 따라 번잡한 절차가 FTA 덕분에 풀려가는 소리를 들을 수 있다. 예로, 지난 7월 1일부터 EU 수출의 8%를 차지하는 유럽 수출 차량들의 안전 기준 대부분이 이중 검증을 받을 필요가 없다. EU 공작기계의 전자 환경 적합성*EMC*과 전기안전기준도 마찬가지로 이제 유럽에서 자체 검증을 받을 수 있어 현 수출의 30%를 차지하는 부문에서 큰 비용절감이 된다. 과도기가 지나면 금융 서비스 같은 여타 중요 분야에서도 마찬가지일 것이다. 한 마디로 관세인하와 규제완화의 현실과 더 나은 전망이 전체 기업 분위기에 긍정적인 상승효과를 주고 있다. 한-EU FTA는 유럽을 한국에 더 접근시키는 무역협정이다.)

Ensuring effective implementation:

Of course, we must dose our optimism with a degree of realism as well. Implementing such an ambitious FTA is both complex and challenging. Indeed, the entry into force of a deal of this kind is the start rather than the end of the process.

This is why we worked hard to create the necessary mechanisms for monitoring progress. This is why we will maintain a very close contact with you; after all you will be "test driving" this deal over the coming months. We want to hear from you how things work in practice, so that we – and our Korean counterparts - are fully in the picture when problems emerge and can act rapidly to address them; and, particularly in the area of regulatory cooperation, anticipate and avoid future problems down the street, making use of the early warning mechanism built into the deal.

Timely signals from your side will allow us to mobilize and combine not only our own efforts, but those of our 27 Member States and of business leaders.

We will therefore count on your associations and this Chamber remaining vocal in pursuing the effective implementation of the agreement. You should not hesitate to let our Delegation in Seoul or my services in Brussels know of problems you encounter.

Let me add that a further important role will be building business awareness of the new possibilities for exports and investment in Korea. We will be actively promoting and informing people in Europe, but there is a role for you and your businesses to do the same particularly here in Korea and by keeping Korea on the radar of your EU headquarters.

We need to ensure that everyone who can benefit/ manages to do so. For example, it is surprising that some businesses selling to the Korean market are not yet benefitting from the cuts in duties because they are now aware that <u>they need to get the status of "approved exporters" from their Member State</u>. More than twice as many Korean businesses are further ahead in that regard.

(주한 유럽기업들이 각국으로부터 "수출업자 승인"을 받아야 FTA의 혜택을 받을 수 있고, 이미 한국기업은 유럽의 두 배 가량이 허가를 받아 앞서가고 있다고 분발을 촉구하는 내용이니 통역할 때 유의하는 것이 중요하다.)

We are encouraging customs authorities of EU Member States, who are directly responsible for implementation of the customs procedures of the FTA, to step up awareness building activity among current and potential exporters.

When I meet Trade Minister Kim tomorrow in the first meeting of the Trade Committee under the FTA, we will discuss the most urgent trade matters and agree on steps to tackle them. We will also have an opportunity to exchange views on the future cooperation to strengthen bilateral investment flows. However, a key part of my message will be the need to work closely on both sides with the business community who will play the biggest role in determining the ultimate success of this new and exciting trade relationship.

Ladies and Gentlemen,

In the current economic context, it is particularly refreshing to be part of a positive story about trade; one that not only points to the potential of trade to help us out of the crisis, but also shows us the reality of a trade agreement which is actually starting to do this– with your help -.

Thank you for your attention.

〈 GLOSSARY 〉

제목: 한-**EU FTA** 백일 기념사

장소: 주한 EU 상공회의소

(회장: 르노삼성자동차 장 마리 위르띠제(**Jean Marie Hurtiger**) 사장)

일자: 2011. 10. 11

연사: **Karel De Gucht** (카렐 드 휴흐트) 현 EU 통상 집행위원(2010~).

1954년 벨기에 생. 벨기에 장관 및 부총리 역임.

청중: 주한 **EU** 상공회의소 회원기업 대표들

EU-Korea FTA: 2010년 10월 정식서명, 2011. 5월 한국 국회 본회의에서 비준동의안 통과, 7월 발효.

EU가 아시아 국가와 체결한 최초의 **FTA. EU**는 세계 1위 경제규모 가짐. 한국의 제2위 교역파트너.

Vote of confidence: 신임투표(본문에선 비유적 표현)

Duties = tariffs

Korea's Trade Minister Kim: 김성환 외교통상부 장관

Stocktaking: 현상 파악, 상황 점검

electromagnetic compatibility: EMC 전자환경 적합성 ((전자파 잡음 등으로 인한 전자 환경의 악화를 방지하는 조치))

dose someone with something ~에게 …를 먹이다/투여하다

approved exporters: 허가 받은 수출업체

customs: 세관

Trade Committee under the FTA 제 1차 한-EU 무역 위원회

-10월 12일 외교통상부에서 개최. 한-EU FTA의 원활하고 효과적인 이행을 위한 한-EU 정부간 협의체.

두 번째 연설은 한국 관련 부분만 발췌해 보기로 한다. 첫 연설과 마찬가지로 미국 하원의원들끼리 하는 얘기이므로 완전히 미국의 입장에서 통역하는 것이 중요하다.

Contact: House Committee on Foreign Affairs, 202-225-5021
Opening Remarks by Chairman Ileana Ros-Lehtinen Full Committee Hearing: "Job Creation Made Easy: The Colombia, Panama, and South Korea Free Trade Agreements"
Friday, September 23, 2011, 9:30AM

I am pleased to hold this timely hearing on the pending Colombia, Panama, and South Korea Free Trade Agreements, especially in light of the President's recent emphasis on job creation. We would have loved to have hosted Administration witnesses but they were not made available to the Committee. Our offer still stands.

In his September 8th speech to Congress, the President once again noted the importance of these free trade agreements, saying: "Now it's time to clear the way for a series of trade agreements that would make it easier for American companies to sell their products in Panama, Colombia, and South Korea."

I could not agree more, but unfortunately after almost 3 years of delay, we are still waiting for the President to send them to Congress. At a time when millions of American families are struggling and so many people are looking for work, passage of the Free Trade Agreements with Colombia, Panama and South Korea should be a top priority for all of us.

Merely by putting these agreements in the mail to Congress, the Administration would set in motion the creation of tens of thousands of new jobs, a major expansion of U.S. exports, and broad economic growth. And we can do so without hundreds of billions in new spending or higher deficits. The increase of exports would spur economic growth throughout the U.S., including in my district in South Florida. **Colombia** is already South Florida's second largest trading partner, accounting for more than $5 billion dollars a year and supporting thousands of jobs. And **Panam**a is among Miami-Dade county's top 25 trading partners, with Florida as a whole ranking first in exports to that country. In fact, Panama's trade with South Florida has grown nearly 30% in recent years.

These figures will expand further once these two FTAs are approved. However, the repeated delays over the past three years have already hurt many companies. For example, 96 percent of the flowers that are imported to the U.S. from Colombia pass through my Congressional district of South Florida. But the small and medium-sized businesses in this sector have been hit hard from the higher tariffs resulting from the expiration of the Andean Trade Promotion Act earlier this year, This is a problem that can be easily fixed by passage of the Colombia FTA.

The free trade agreement with South Korea will produce even greater benefits. The U.S. International Trade Commission estimates that it will increase our export of goods by at least $10 billion a year. That's not even counting the high-value services in which our country leads the world, which now are shut out of large areas of South Korea's economy. The President's own Administration estimates that at least 70,000 jobs will result from the free trade agreement with South Korea alone. It is time to grant American businesses and exporters barrier-free access to the world's 13th largest economy.

(한국과의 FTA는 콜롬비아, 파나마보다 훨씬 큰 혜택을 가져올 것이다. 미국의 상품 수출을 연 최소 100억 달러 이상 늘일 것으로 추산된다. 이 숫자는 심지어 현재 한국의 많은 경제 지역에서 불허되고 있는 미국이 세계를 주도하는 고부가가치 서비스분야를 제외한 금액이다. 행정부는 한국과의 FTA로서만 최소 7만개의 일자리가 나올 것으로 추산한다. 미국 가업과 수출업자들에게 세계 13위의 한국 경제에 장애물 없이 접근할 수 있도록 해줄 때가 왔다.)

While we have sat here, the EU and countries such as Canada and China have moved aggressively to undermine U.S. businesses. Earlier this year, the EU trade agreement with South Korea came into effect, putting U.S. businesses at a severe disadvantage in that country, resulting in lost sales for American companies and lost jobs here in the U.S.

(우리가 이러는 동안 EU와 캐나다, 중국 같은 나라들은 미국 기업들을 제치기 위해 공격적으로 움직여 왔다. 금년 초 한-EU FTA가 발효돼 한국에서 미국 기업들이 심히 불리한 입장에 놓여, 미국 기업들은 판매가 줄고 미국 내 일자리는 없어지고 있다.)

There are more than just economic benefits at stake, however. Each of these countries is a key ally in an unstable area of the world, where U.S. interests are increasingly under threat from China and other countries. At a time when much of the world is expecting the U.S. to retreat from its responsibilities and abandon its allies, these agreements will serve as a clear demonstration of our enduring commitment to our democratic partners. Each has carried out their promises to us, including all of the many changes we have insisted on, and now it is time for us to carry out ours.

Finally, I think it is important to address a fundamental misconception regarding not only these free trade agreements but others as well, opponents seem not to understand the effects and purpose of those agreements. Because the U.S. economy is a very open one, free trade agreements are primarily about removing the barriers in other countries to U.S. exports. For example, the free trade agreement with Colombia will eliminate duties on 80% of U.S. exports to Colombia, with almost all of the remaining duties and tariffs removed in 10 years. In contrast, 93% of Colombia's exports already enter the U.S. /duty free. Colombia will benefit, but we will benefit much more. The same is true with Panama and South Korea.

It appears that the process for allowing Congress to consider these agreements is finally underway, with the Senate approving just last night a key piece of legislation.

For the first time, it looks likely that the three FTAs will soon be sent to Capitol Hill to be voted on. Passage of the South Korea FTA before President Lee arrives in Washington in October would be a tremendous reaffirmation of our alliance with that key country. And as we vote, let us remember that we are voting to knock down the barriers to U.S. businesses and to create the jobs that so many Americans and their families are desperately in need of.

〈 GLOSSARY 〉

하원 외교위원회 청문회 연설

주제: **"Job Creation Made Easy:**

The Colombia, Panama, and South Korea Free Trade Agreements"

장소: 하원 외교위원회

일자: 2011. 9. 23

연사: 하원 외교위원회 위원장 **Ileana Ros-Lehtinen** (로스-레티넌)

- 미 플로리다 주 하원의원. 공화당 소속, 지한파, 대북강경파.

Colombia FTA 2006년 11월 서명.

Panama FTA 2007년 6월 서명. **Trade Promotion Agreement**로도 불림.

South Korea FTA

- 2006년 2월 첫 협상 선언, 2007년 6월 서명, 2011년 10월 3일 한미**FTA** 이행

법안 미 의회 제출, 11일 상원, 12일 하원 통과, 21일 미 대통령 이행법안에 서명(미국측 비준절차 완료). 한편, 한국에서는 오역 문제로 비준동의안 철회 후 다시 9월 16일 국회 제출.

Miami-Dade county: 마이애미-데이드 카운티(郡)

Andean Trade Promotion Act: 앤디언 특혜관세법/ 앤더스 통상촉진법

- Andean Trade Promotion Act and Drug Eradication Act (ATPDEA). 미국이 국내 마약문제 해결을 위해 주요 마약 공급국인 페루, 콜롬비아, 볼리비아, 에콰도르 등 국가에서 마약작물을 대체해 생산된 5,500가지 품목에 대해 특혜관세를 적용하는 법. 2011년 2월 종료.

U.S. International Trade Commission: 미 국제무역위원회

- 대외무역이 국내 경제에 미치는 영향에 관해 포괄적으로 조사하는 대통령 직속 독립기관. **USTR**(미 통상대표부)와 더불어 국제통상문제를 담당하는 중요 기구.

참고: 2011년 9월 22일 밤(현지기준) 미 상원은 무역조정지원제도**(Trade Adjustment Assistance)** 연장안과 일반관세특혜**(Generalized System of Preferences)** 연장안으로 구성된 패키지 안 찬성 70표, 반대 27표로 통과시킴. TAA는 외국과의 자유무역으로 인해 일자리 상실이나 임금감소 등의 피해를 입는 근로자들을 지원하기 위한 제도로 올해 2월 만료됐으며, **GSP**는 선진국이 개발도상국으로부터 수입하는 농수산품, 공산품 등에 대해 특혜대우를 하는 제도로 작년 말 만료됨.

제5강 원자력 관련 연설

2010년 2월 워싱턴에서 오바마 대통령 주도로 열린 1차 핵정상회의에서 2차 회의를 2년 후인 2012년 3월말 서울에서 열기로 했다. 공교롭게도 2011년 3월 일본에서 지진과 쓰나미로 원자력발전소가 파괴되자 세계는 원자력의 위협에 대해 새삼스런 경각심을 갖게 되어 2012년의 서울회의는 더 큰 관심과 참여를 불러올 수 있게 되었다. 이에 2011년 9월 워싱턴에서 열린 국제원자력기구**(IAEA)** 총회에서

는 원자력과 핵무기의 위협에 대한 진지한 논의가 이어졌다. 노벨 물리학상(1997년) 을 받은 바 있는 미국의 스티븐 추(중국계) 에너지 장관의 연설 중 핵무기 개발의 야심을 가진 이란과 시리아에 이어 북한을 언급하는 부분을 중심으로 연구해보자. 이미 강조했지만 국제무대의 주요 연설 중 남북한 관련 부분은 우리가 누구보다 더 큰 관심을 갖고 정확한 통번역을 해 숙지하는 노력을 경주해야 한다. 원자력의 세계는 조폭의 세계와 유사하게 핵무기를 가진 강대국은 비확산(non-proliferation)이라는 명분 하에 군소국들에게 핵무기 개발을 금지하는 한편 핵발전소 등 핵의 평화적 이용은 권장하면서 대신 IAEA의 안전수칙을 준수할 것을 촉구한다는 분위기를 인식해야 한다.

2011 IAEA General Conference
Remarks as Prepared for Delivery
Secretary Steven Chu
Monday, September 19, 2011

Thank you, Mr.Amano for your outstanding leadership. I am honored to represent the United States today, and I want to share a message from President Barack Obama:

"On behalf of the United States, please accept my best wishes for a successful International Atomic Energy Agency General Conference. This year's meeting takes place against the backdrop of the severe earthquake and tsunami that struck Japan in March and the devastating accident at the Fukushima Daiichi Nuclear Power Station that followed. Along with the international community, the United States will continue to stand by and support our Japanese friends as they recover from this crisis.

"The tragic events at Fukushima make clear that nuclear energy, which holds great promise for global development and as a carbon-free source of power, also brings significant challenges to our collective safety and security. Going forward, we must rededicate ourselves to the principle that when pursuing nuclear energy, safety and security must be our highest priority. The United States supports the efforts of Director General Amano to enhance nuclear safety worldwide and to elevate the vital role of the IAEA on this front. We also support strengthening the IAEA's role in increasing nuclear security around the world.

"We must aim for a future in which peaceful nuclear energy is not only safe, but also accessible by all nations that abide by their obligations. We must safeguard against any possible diversion or misuse of nuclear energy, whether by nations or terrorists, and ensure nations that violate their obligations face consequences. For those that play by the rules, we are committed to building new frameworks for cooperation that accelerate nuclear energy assistance and lower the risks of proliferation. The approval of an IAEA nuclear fuel bank, to which the United States has committed $50 million, and the launch of the IAEA Peaceful Uses Initiative, to which the United States has committed another $50 million, will strengthen the foundation of the international nonproliferation regime.

"Next year in Seoul, the Republic of Korea will host the Nuclear Security Summit, building on the summit I convened last year to secure the world's vulnerable nuclear materials. Sharpening the focus on nuclear security is essential to prevent nuclear terrorism. As a further step, we must ensure a robust dialogue among safety and security experts and work to build on the synergies between the two.

"Through these efforts, and many others that involve the IAEA and its member states, we will succeed in shaping a future where nuclear energy is both safe and secure. Thank you and best wishes for a successful meeting."

As President Obama expressed, it's critical that we address the challenge of the atom: how to harness its power for peaceful and productive uses while guarding against the most destructive weapons the world has known.

No nation can tackle this challenge alone. We must face it together – and the IAEA is central to this effort.

Today, I want to discuss four priorities of President Obama's nuclear agenda: the safe and peaceful use of nuclear energy, strengthening the nuclear nonproliferation regime, nuclear disarmament and nuclear security.

PEACEFUL USES OF NUCLEAR ENERGY

Nuclear power will continue to be an important part of our energy mix, both in the United States and around the world. Its role grows more valuable as we confront a changing climate, increasing energy demand, and a struggling global economy.

At the same time, the Fukushima disaster reminds us that nuclear safety and security require continued vigilance.

All nations have a responsibility to learn from Japan's experience. In the United States, a **Nuclear Regulatory Commission Task Force has c**ompleted an initial 90-day review of the agency's regulatory oversight and safety standards, given insights from Fukushima, and provided a set of recommendations to enhance reactor safety. The Task Force recommendations are now under consideration by the full Commission.

In June, the IAEA and other member states pledged to re-examine nuclear safety standards, emergency preparedness plans, and incident response capabilities. The United States strongly supports these efforts, and believes the IAEA must play a critical role. The United States also supports the implementation o**f the IAEA Action Plan on nuclear safety to address lessons learned from Fukushima. We must, however, maintain the central role of national regulators and plant operators in achieving safety objectives.**

The events at Fukushima emphasize the need for a global nuclear liability regime to ensure that accident victims are compensated and to support a stable legal environment for nuclear energy's expansion. In short, the time has come to adopt the Convention on Supplementary Compensation.

Additionally, member states should work to ratify and implement relevant international conventions on safety and emergency response, such as the Conventions on Nuclear Safety and on Assistance and Early Notification.

We also encourage discussion through the International Framework for Nuclear Energy Cooperation on issues including infrastructure development, financing, and nuclear fuel services.

The United States supports expanded and reliable access to fuel supplies, working through the commercial marketplace and public-private partnerships, for peaceful nuclear programs.

The United States recently announced the availability of a reserve stockpile of low-enriched uranium for countries pursuing peaceful civilian nuclear programs. The American Assured Fuel Supply, which is now available, comes from down-blending 17.4 metric tons of surplus highly enriched uranium from the U.S. weapons stockpile. This initiative will help promote nuclear energy in a way that is consistent with our nonproliferation and disarmament commitments.

These measures form part of the new international framework that President Obama called for in Prague. As a next step, we will encourage commercial nuclear companies to join together, under appropriate laws and regulations, to provide secure, reliable access to both front and back-end fuel services to any country with nuclear reactors. This type of fuel service arrangement would dramatically reduce the need for countries to develop indigenous enrichment and reprocessing technologies.

We are also working with many of you to ensure that member states can access the peaceful benefits of the atom. Last year, the United States pledged $50 million to the IAEA Peaceful Uses Initiative. With Japan as a partner, we continue to seek contributions to this initiative, and we appreciate those countries that have already stepped forward.

STRENGTHENING NONPROLIFERATION AND INTERNATIONAL SAFEGUARDS

Promoting civil nuclear energy must go hand in hand with strengthening the nuclear nonproliferation regime by making international safeguards more efficient and more effective. But we cannot expect the IAEA to succeed in that mission without adequate resources and the support of its members.

That is why the United States is making a voluntary contribution of more than $85 million above our 2011 budget contribution to enhance technical cooperation, international safeguards, nuclear safety, nuclear security, and the peaceful uses of nuclear energy.

That is why the United States is working to modernize IAEA safeguards and to encourage the transition to a robust, information driven system.

And that is why we encourage all states to bri**ng into force and fully implement comprehensive safeguards agreements along with an Additional Protocol. Only in this way will the IAEA have the authority needed to meet its verification responsibilities. We congratulate the eight states that ha**ve brought into force an Additional Protocol since last year's General Conference.

To maintain the credibility and effectiveness of the nuclear nonproliferation regime, all states must honor their IAEA safeguards obligations.
(핵비확산체제의 신빙성과 효력을 유지하려면 모든 국가가 IAEA의 안전조치를 지켜야한다.)

Iran has continued to engage in a longstanding pattern of denial, deceit, and evasion, in violation of its nonproliferation obligations. Time and time again, Iran has refused to satisfy legitimate concerns about the nature of its nuclear program – selectively rejecting IAEA requests for access to, and information about, its nuclear facilities.
(이란은 자국의 비확산 의무를 위반하며 부인, 기만, 회피 등 오래된 행태를 계속해 왔다. 이란은 반복해서 자국 핵프로그램의 성격에 대한 정당한 우려 불식을 거부하며 자국 핵 시설에 대한 접근과 관련 정보에 대한 IAEA의 요구를 선별적으로 거부해 왔다.)

A recent manifestation of Iran's provocative behavior was its decision to begin instal**ling centrifuges at an underground facility near Qom. Iran initiated construction of this facility in secret, notifying the Agency only because it was caught two years ago. Iran says it intends to use the facility to increase uranium enrichment to near 20 percent, claiming this is needed to fuel its existing research reactor or other reactors for which ground has yet to be broken. Expanding, and moving underground, its enrichment to this level marks a significant provocation and brings Iran still closer to having the capability to**

produce weapons grade uranium. Pursuing this course raises serious questions over Iran's peaceful intent and its readiness to build confidence.

(이란은 최근의 도발행위로 콤(Qom) 인근의 한 지하시설에 원심분리기를 설치하기 시작했다. 이란은 비밀리에 이 시설의 건설을 시작했고, 2년 전 발각되고서야 IAEA에 통보했다. 이란은 우라늄 농축을 20%까지 늘리기 위해 이 시설을 사용하려 한다고 말하며 이는 이란의 기존 연구용 원자로나 아직 착공되지도 않은 다른 원자로들의 연료 공급에 필요하다고 주장하고 있다. 이란이 시설을 확대하고 지하로 숨어들면서 이 수준까지 우라늄을 농축하는 것은 심각한 도발이며 이란을 무기급 우라늄 생산능력에 훨씬 더 가까이 가게 하는 것이다. 이런 과정 추구는 이란의 평화적 의도와 신뢰감 구축 용의에 대한 심각한 의문을 불러일으킨다.)

Iran's government has a choice: it can comply with its obligations and restore international confidence in the exclusively peaceful nature of its nuclear activities or it can face deepening isolation and international censure.

(이란 정부는 한가지를 선택할 수 있다. 자국의 의무를 준수하면서 자국 핵관련 행위의 전적으로 평화적인 성격에 대한 국제적인 신뢰를 회복하거나 아니면 더 깊은 고립과 국제적인 제재에 직면하는 것이다.)

We applaud the IAEA Board of Governors for reporting Syria to the UN Security Council for safeguards violations. Syria must now cooperate fully with the IAEA. Syria should also sign and promptly bring into force an Additional Protocol to its safeguards agreement.

(우리는 IAEA 이사회가 유엔 안보리에 시리아의 안전조치 위반을 보고한 것을 치하한다. 시리아도 자국 안전조치협약의 추가의정서에 서명하고 이를 즉각 발효시켜야 한다.)

On North Korea, the path is open to the resumption of talks, improved relations with the United States, and greater regional stability if North Korea demonstrates through actions that it is committed to being a constructive partner. North Korea must take substantive and

irreversible steps toward denuclearization, honor its international obligations, and return to the Nuclear Nonproliferation Treaty and to IAEA safeguards.

(북한도 건설적 동반자가 되겠음을 행동으로 보여준다면 회담 재개, 대미관계 개선 및 지역안정 강화의 길이 열려있다. 북한은 비핵화를 행한 실질적이고 되돌릴 수 없는 조치를 취하고, 국제적 의무사항을 존중하며, NPT와 IAEA 안전조치로 복귀해야 한다.)

The IAEA Board of Governors has taken strong action by reporting noncompliance by these three states to the UN Security Council. Now, the international community must send a strong message that violations of nuclear nonproliferation obligations will not be tolerated. Failure to address these issues would undermine global and regional stability and the global nonproliferation regime itself. IAEA

(이사회는 유엔 안보리에 이 세 국가의 탈선을 보고함으로써 강력한 행동을 취했다. 이제 국제사회가 핵비확산 위반 사례들은 용납되지 않을 것이라는 강한 메시지를 보내야 한다. 이 문제들을 바로잡지 않으면 세계와 지역의 안정과 글로벌 비확산 체제 자체를 저해할 것이다.)

NUCLEAR DISARMAMENT

A key part of the nonproliferation regime is our shared commitment to meeting our **NPT Article VI** commitments. Since we last met, the United States has taken bold steps toward fulfilling our nuclear disarmament obligations.

In February, t**he New START Treaty** between the United States and Russia entered into force. Our two nations will reduce the number of deployed warheads to the lowest level since the 1950s – an approximate reduction of 85 percent from the dark days of the Cold War. The United States is committed to continuing a step-by-step process to reduce the overall number of nuclear weapons, including the pursuit of a future agreement with Russia for broad reductions in all nuclear weapons –

strategic, non-strategic, deployed and non-deployed.

The U.S. and Russia also brought into force a landmark agreement to each dispose of at least 34 metric tons of surplus weapons-grade plutonium. The IAEA has a significant and unique role to play in helping to implement the agreement's verification regime, and we are working closely with the Agency to define and develop that role.

Additionally, the **NPT Nuclear Weapon States** continue to discuss nuclear disarmament, nonproliferation, transparency, and verification.

We continue to make progress toward our shared commitment to bring the **Comprehensive Nuclear Test Ban Treaty i**nto force by strengthening its verification regime. The United States is committed to ratifying the **CTBT.**

The United States is aggressively pursuing a disarmament agenda. We call on others to faithfully do the same. We can make a start by launching long delayed negotiations on a fissile material cutoff treaty. This treaty is crucial to achieving our shared disarmament and nonproliferation objectives.

NUCLEAR SECURITY/ PREVENTING NUCLEAR TERRORISM

Finally, we must continue our work together to prevent nuclear terrorism – one of the most immediate and extreme threats to global security.

We are grateful to the many nations who participated in the historic 2010 Nuclear Security Summit, and who are living up to those commitments. Tremendous progress has been made. For example:

• Since the summit, the United States has removed approximately 400 kilograms of highly enriched uranium and plutonium – enough material to make over 15 nuclear weapons – from several countries.

• We've also down-blended 700 kilograms of highly enriched uranium from civil nuclear programs to low enriched uranium, making it unsuitable for use in nuclear weapons.

• In cooperation with our partners, we have deployed radiation detection systems to 19 transit sites worldwide, continue to improve security at nuclear facilities, and are working to increase information sharing among police and security services to counter nuclear smuggling.

- In addition, the IAEA has revised and strengthened its Nuclear Security Guidance document on the physical protection of nuclear material and nuclear facilities." The United States welcomes this action and looks forward to working with the IAEA and member states to implement the recommendations.

We look forward to building on this collective progress at the follow-up summit next year in the Republic of Korea.

CONCLUSION

Nuclear energy lies at the intersection of two of our most pressing issues: the energy and climate challenge and the threat of nuclear proliferation and terrorism. We cannot defer action on either of these tough problems.

That is why two and a half years ago, the President laid out an ambitious agenda to secure vulnerable nuclear material around the world and to move toward a world without nuclear weapons while promoting peaceful nuclear power.

Albert Einstein once said, "Through the release of atomic energy, our generation has brought into the world the most revolutionary force since prehistoric man's discovery of fire."

Working together, we can help ensure that this revolutionary force is used for peace and prosperity, not death and destruction. And we can build a brighter and more secure future for ourselves and for future generations. Thank you.

###

〈 GLOSSARY 〉

2011 IAEA General Conference
Secretary Steven Chu
Monday, September 19, 2011

Director General Amano International Atomic Energy Agency General Conference	아마노 유키야 IAEA 사무총장 IAEA 총회
the Fukushima Daiichi Nuclear Power Station	후쿠시마 제1원전
the IAEA Peaceful Uses Initiative	IAEA 평화적 이용 이니셔티브
Nuclear Security Summit	핵 안보 정상회의
Nuclear Regulatory Commission Task Force	미국 원자력 규제위원회 태스크 포스
the IAEA Action Plan	원자력 안전 행동계획
the Convention on Supplementary Compensation	원자력 손해배상에 대한 보충배상협약
the Conventions on Nuclear Safety and on Assistance and on Assistance and Early Notification	원자력 안전에 관한 협약 원자력 사고 비상 지원에 관한 협약 원자력 사고 조기통보에 관한 협약
the International Framework for Nuclear Energy Cooperation	국제 원자력 협력 체제
The American Assured Fuel Supply	미국의 보증 핵 연료공급
Down-blend	고농축 우라늄을 저농축 우라늄으로 희석
Next Generation Safeguards Initiative	차세대 안전 조치 구상
Additional Protoco	추가 의정서
centrifuge	원심분리기
Qom	콤
Weapons-grade uranium	무기급 우라늄

the IAEA Board of Governors	IAEA 이사회
UN Security Council	UN 안전보장이사회
the Nuclear Nonproliferation Treaty/NPT	핵 확산금지조약
NPT Article VI	NPT 제 6조
the New START Treaty	신 전략적 무기 감축 조약
NPT Nuclear Weapon States	핵 보유국 (미국, 프랑스, 러시아, 중국, 영국)
the Comprehensive Nuclear Test Ban Treaty/CTBT	포괄적 핵 실험금지 조약
fissile material cutoff treaty	분열물질 차단 협약

제6강 호주 관리의 자국 찬양 연설

세상에 예외 없는 규칙은 없고, 예외 없는 현상도 없다. 2011년 거의 모든 나라가 재정적자와 금융 불안에 떨 때 그렇지 않은 나라도 있었다. 우리나라도 2008년의 금융위기를 잘 넘긴 덕분에 불안이 덜 했지만 호주가 특히 그랬다. 이번 연설은 호주의 재무장관이 뉴욕의 하버드 클럽에서 한 연설로 호주의 재정과 금융이 튼실하다고 자랑하는 부분이 나온다. 다른 나라 재무장관들이 연설에서 모두 힘들다고 울부짖을 때 호주의 연사는 "우리는 그렇지 않다. 용용 죽겠지?"라고 약을 올린다. 그 부분을 공부해보자.

Global Resolve
Speech to Harvard Club of New York
Treasurer of Australia, Wayne Swan
26 September 2011

That was a very kind introduction and a very warm welcome, and I want to thank you for having me here.

Harvard has made such an extraordinary contribution/ to the advancement of economic policy around the world, so it's an honor to be here to address you today.

It's great to be in New York again, the capital city of the free world.

It's a tragedy/ that the remarkable history of this city and the fond memories of it so many people carry/ are stained by two history-altering events, both marked this month.

The first was commemorated 15 days ago, a full decade after the fall of two towers brought death and destruction and beyond that/ a war our nations still fight together today.

The second was quietly remembered just four days later - three years since Lehman's collapse pushed the global economy off a cliff, towards the greatest synchronized downturn since the Great Depression.

This city was, of course, the absolute epicenter of a global financial crisis that spiraled into a global recession.

Nobody here needs reminding of the depth of that crisis/ or the consequences for our economies. We still feel them today.

But today the world faces a different economic challenge - a challenge of confidence, a challenge of political will - that is different to what we saw over the last three years but which could prove every bit as threatening/ if not dealt with in a coordinated and decisive way.

This time, the epicenter is not New York, but Athens, and there are fiscal spot fires in Rome, Lisbon and Dublin and political spot fires in Brussels and Washington DC.

This time, the dangerous global economic situation is not brought to us by investment bankers/ but by political gridlock.

It began to smolder in Greece over a year ago. Unsustainable sovereign debt and financial volatility sparked this/ and while everyone recognized what was happening, not enough was done to put it out.

At the same time, here in the United States, we see the lingering consequences of the global financial crisis in soft growth, a weak housing market and persistent high unemployment.

We have seen a political impasse in Congress over dealing effectively with these consequences and while the status quo continues, growth in the world's largest economy wanes.

While some important policy steps have been taken in Europe and the

US/ to deal with their fiscal situations, much more needs to be done.

There is limited confidence, particularly in the capacity of governments to deal with this situation.

At present, sadly, nobody is expecting much of a contribution to global growth from either side of the Atlantic for some time.

These developments have had a significant impact on confidence and growth is slowing in developed economies.

We are seeing the crisis unfold through increasing instability in global financial markets.

It's still too early to tell exactly how this situation will play out.

But it's fair to say/ there is a very sober realism/ among Finance Ministers sitting around the G20 table.

Australia in Asia

Global growth really relies on two things. The first is a coordinated response to the current uncertainties, and I'll come to that in moment. The second foundation is continuing growth in developing nations, particularly those in my own country's Asian neighborhood.

(글로벌 성장은 실로 두 가지에 달려있다. 첫째는 현재의 불확실성에 함께 대응하는 것으로 좀 있다 설명하겠다. 두 번째는 개도국들의 지속적 성장으로 특히 호주의 아시아 이웃의 성장이다.)

While the situation is serious, we shouldn't lose sight of the fact/ that our region is much stronger. So while there are dark clouds on the economic horizon, we can take some comfort/ that the sunlight still pierces through in some regions.

(상황이 심각할 때 우리 지역은 훨씬 더 강하다는 사실을 간과해서는 안 된다. 따라서 경제의 지평선에 검은 구름이 깔려있는 동안 햇빛이 아직 일부 지역들로부터 새어 나온다는 사실에 약간의 위안을 얻을 수 있다.)

I was recently in China where it was clear/ that there is considerable confidence about China's prospects and those of broader Asia. This just underscores the global economic transition/ that we have been seeing for some time - the shift in activity from West to East.

(나는 최근 중국에 갔었는데 중국의 전망과 아시아 지역의 전망에 상당한 자신감이 있음이 분명했다. 이는 바로 지난 얼마 동안 우리가 목도해 온 글로벌 경제의 전환을 보여준다.)

Geography, however, is not the only respect in which the global economic is swinging from West to East. Demography is another. In the Asia-Pacific, the middle class is expanding at an extraordinary pace, with something like 110 million people being added each year.

(그러나 글로벌 경제가 서에서 동으로 전환함에 있어 지리가 유일한 측면은 아니다. 인구가 또 하나의 측면이다. 아태지역에서는 중산층이 엄청난 속도로 확대되고 있어 매년 약 1억 천만 명이 중산층이 되고 있다.)

By 2020, there are expected to be more middle class consumers in Asia/ than in the rest of the world combined. And by the end of the next decade, around two-thirds of the world's middle class consumers will be in the Asia-Pacific region. This means that while we all know Asia is becoming the world's biggest production zone, it will in my view also become the world's biggest consumption zone.

(2020년쯤이면 아시아에는 다른 지역을 합한 것 보다 더 많은 중산층 소비자가 있을 것으로 예상된다. 또 2030년쯤에는 세계 중산층 소비자의 약 2/3 가량이 아태 지역에 살고 있을 것이다. 이는 우리가 아시아가 세계 최대의 생산지역이 되고 있다고 알고 있지만 내가 보기에 세계 최대의 소비지역이 될 것임을 의미한다.)

This is a key reason/ why the Australian economy has such a bright outlook, and it's one of the key reasons why we're seen/ as such an attractive destination for investment. Right now we're experiencing the first wave of opportunity from this shift in global gravity - you can see it in Asia's enormous appetite for our **natural resources**. We're now looking at $430 billion of planned investment in our resources sector alone - a staggering investment in the context of our $1.4 trillion economy. These long-term investments are a vote of **confidence** in Australia and will provide a continuing solid bedrock of support for our economy in uncertain times.

(이것이 호주 경제가 전망이 밝은 이유이며 호주가 그렇게 매력적인 투자대상으로 보이는 주요 원인 중 하나다. 현재 호주는 글로벌 균형의 이 전환으로부터 최초의 기회 물결을 경험하고 있는 바 호주의 천연자원에 대한 아시아의 엄청난 욕구에서 그것을 볼 수 있다. 호주는 현재 호주 자원에 대한 4,300억 달러의 투자 계획을 목도하고 있어 호주의 1조 4,000억 달러 경제 규모로 볼 때 충격적으로 많은 투자라 할 수 있다. 이들 장기적 투자는 호주에 대한 신임 투표이며 불안의 시대에 호주 경제를 뒷받침하는 지속적인 반석을 제공할 것이다.)

But while mining continues to make an important contribution, the fortunes of the Australian economy are **not only** linked to this sector, as some would have you believe. Mining accounts for no more than **one tenth** of our GDP and over the last decade accounted for less than **one tenth** of our total growth. And the mining sector only accounts for around 2 per cent of total employment. Mining is an important part of our economic story, but no more important than the role of our manufacturing and services sectors.

(그러나 광산업이 계속 중요한 기여를 하고 있지만 호주 경제의 행운은 혹자가 말하듯이 이 부문에만 연관된 것이 아니다. 광업은 호주 GDP의 1/10에 불과하며 지난 10년 동안 호주 전체 성장의 1/10이하에 불과했다. 또 광업 부문은 전 고용의 약 2% 밖에 안 된다. 광업이 호주 경제 애기의 주요 부분이기는 하지만 호주 제조업과 서비스 분야보다 중요하지는 않다.)

Most Australians today work in services, and it is predominantly in services/ that our long term prosperity lies. As the rise of the Asian middle-class consumer continues, we'll be seeing many more opportunities emerge across a broad range of sectors particularly for our **high-end** services - provided by a highly-skilled workforce, native speakers of the global language of English, but situated in Asia's time zone. So it is true that we have been fortunate to find in Asia/ a neighbor with growing demand for our goods and services.

(호주 국민 대부분은 서비스에 종사하고 있고 호주의 장기적 번영은 무엇보다 서비스에 있다. 아시아의 중산층 소비자가 계속 증가함에 따라 광범위한 분야에 걸쳐 훨씬 많은 기회가 있을 것이다. 특히 영어라는 글로벌 언어의 원어민이지만 아시아 시간대에 있는 고도의 숙련 노동력이 제공하는 첨단 서비스에서 기회가 많이 나올 것이다.)

But our proximity to Asia isn't the only reason why the Australian story is one of strength and resilience. The Australian success story is almost unique in the developed world and I never **tire of** telling it. A large part of this/ is due to our **action** at the height of the Global Financial Crisis, but it's also due to our strong **reform tradition** which has spanned across 30 years: trade liberalization, increased domestic competition and international openness, widespread tax reform and deregulation that still left in place/ the key protections our citizens demand and deserve.

(그러나 아시아의 인접성이 호주가 강하고 자생력이 있는 유일한 이유는 아니다. 아시아의 성공담은 선진 세계에서 거의 독보적이라 결코 지치지 않고 자랑할 수 있다. 호주의 성공은 글로벌 금융위기가 한창일 때 우리가 행동을 취한 덕분이지만 30년에 걸친 호주의 강한 개혁의 전통 덕분이기도 하다. 즉 무역 자유화, 국내 경쟁 증가, 국제적 개방, 광범위한 세제 개혁 및 규제철폐가 그것이다. 이 모든 것이 호주 국민들이 요구하고 받을 자격이 있는 주요 보호장치들을 아직 제 자리에 남겨 두었던 것이다.)

Taken together, these factors have built the foundations of a strong and resilient economy. The Australian economy was virtually unique amongst advanced economies in avoiding recession, and our economy has grown by over 5 per cent on its pre-crisis level. Our banks passed the stress test of the Global Financial Crisis with flying colors, and are well regulated and well funded for the period ahead. And our public finances remain in great shape, with **public debt**/ at less than one tenth of that of major advanced economies.

(모두 합쳐서, 이 요소들이 강하고 자생적인 경제의 토대를 구축했다. 호주 경제는 불황 회피에서 선진 경제들 중 사실상 독특했고, 호주 경제는 위기 전 수준보다 5% 넘게 성장했다. 호주 은행들은 글로벌 금융 위기의 스트레스 테스트를 깃발을 날리며 통과했고, 장래 기간에 대비해 잘 규제되고 잘 자금 준비가 되어 있다. 또 호주 공공 재정은 아주 건전한 상태로 남아 있어 공공 부채가 주요 선진국 경제의 1/10 이하다.)

People will look at our healthy fiscal situation in Australia/ and say "that's easy for you to say". But let me digress for a moment on this, because Australia's strong position is not a product of luck. It is a product of a policy framework that most in this room may not know much about.

(사람들은 호주에서 호주의 건강한 재정상황을 보고 "호주가 쉽게 말을 한다"고 할 것이다. 그러나 이 점에 대해 잠시 별도 설명을 하고 싶은 바, 호주의 강한 입장은 행운의 산물이 아니기 때문이다. 그것은 이 회의장의 대부분 참석자가 잘 알지 못할 지도 모르는 어떤 정책의 틀의 산물이다.)

We believed back in 2008 and 2009/ when we put our **stimulus** in place that we also needed to chart a strong and credible path/ back to surplus at the same time/ as the global recession pushed us into deficit. What we laid out then was a strategy for spending to support g**rowth** in the short term, in return for **fiscal consolidation** in the medium-to-longer term.

(과거 2008년과 2009년 글로벌 불황이 우리를 재정 적자로 몰았을 때 호주는 부양책을 시행하면서 동시에 재정 흑자를 복원하는 강하고도 믿을만한 길을 찾는 것도 필요하다고 믿었다. 당시 우리가 시행한 것은 중장기적으로는 재정건전화를 도모하는 하면서 단기적으로는 성장을 뒷받침할 재정 지출 전략이었다.)

In short: fiscal support for the economy when it was weak, repaid by fiscal consolidation as the economy strengthened. This is the plan we laid out in February of 2009, and have been delivering ever since. All these fundamentals are underpinned by a government that is working remarkably well. This allows us to keep the reform wheels turning so we can convert our stunning advantages into enduring prosperity.

(한 마디로 경제가 약했을 때는 재정적인 지원을 하고, 경제가 강해지면서 재정 건전화로 빚을 갚는 전략이었다. 이것이 2009년 2월 우리가 시행한 계획이었고, 그 후 계속 시행해 오고 있다. 이 모든 펀더멘털이 아주 일 잘하는 한 정부에 의해 강화된 것이다. 이것이 개혁의 수레바퀴를 계속 돌릴 수 있게 하기 때문에 호주의 놀라운 우위를 지속적인 번영으로 변환시킬 수 있다.)

손이 오그라들 정도로 심한 자화자찬이 아닌가? 그러나 호주가 잘 살고 있으니 할 말이 없다.

〈 GLOSSARY 〉

Global Resolve: Speech to Harvard Club of New York, NY
Mr. Wayne Swan, Treasurer of Australia, 26 September,2011

1. **The Free World:** 자유세계 (본래 공산주의와 대비되는 개념으로 사용)
2. **Lehman Brothers:** 리먼브라더스 (미국의 서브프라임 모기지(비 우량 주택담보대출) 사태로 인해 2008년 9월 14일 파산보호를 신청했다.)
3. **Spot fires:** 비화 (작은 화재)
4. **Resources sector:** 자원 부문
5. **Mining:** 광산업
6. **High-end:** 고급
7. **Highly-skilled:** 고숙련
8. **With Flying Colors:** 깃발을 날리며

제7강 연설 속의 최고 시제- 가정법 과거완료

모든 글이 다 그렇지만 특히 연설 통역에서 시제를 정확히 통역하는 것은 중요하다. 시제가 틀리면 통역이 정확하게 되었다고 할 수 없다. 연설을 듣다가, 혹은 노트테이킹을 하다가 특별한 시제가 나오면 머리 속에 기억해 놓거나 노트에 표시를 해야 실수를 하지 않는다. 필자가 보기에 가장 강력한 시제는 현재 시제다. 만고불변의 진리라든가 변하지 않는 명제, 영원히 지속되는 사실을 표현하는 시제다. 현재진행형은 현재 진행되고 있지만 곧 끝난다는 암시가 담겨있는 시제인 반면 현재시제는 엄연하고 바뀌지 않을 내용으로 보통 비교적 짧은 문장에 쓰이지만 그 의미는 강하고 힘이 있기 때문에 정확한 통역에 중요한 역할을 한다. 시제와 함께 국제무대에서 발표되는 연설은 공간을 넘나들기 일쑤기 때문에 훌륭한 통역은 시공간을 자유롭고도 정확하게 넘나드는 통역이다.

시제 중 가장 어려운 최고의 시제는 가정법 과거완료이다. 필자 세대는 중고등학교 영문법 시간에 가정법 과거완료는 "과거 사실에 반대"라고 배웠다. 어릴 때는 이 설명이 쉽게 이해되지 않았지만 이제 이 시제를 정확히 통역할 수 있는 학생은 모든 시제를 통역할 수 있는 사람이라고 본다. 가정법 과거가 "현재 사실에 반대"로, "현재 ---하다면 현재 ---할 텐데"라고 해석되는 반면 가정법 과거완료는 "과거에 ---했었다면 현재 ---할 텐데", 혹은 "과거에 ---했었다면 과거에 ---했을 텐데"로 해석된다. "과거에 ---하지 않았기에 과거에 ---하지 않았다", 혹은 "현재 ---않다"라고 해석되는 것이다.

다음 한미 FTA 관련 연설에 나오는 가정법 과거 완료 문장 몇 개를 실례로 들어본다. 연사가 미국 차에 대한 한국 시장의 개방을 원하는 나이 지긋한 미국 미시간주 상원의원이니, 가정법 과거 완료는 과거를 많이 회상하거나 과거를 후회하는 늙은이들의 시제인지도 모른다.

Topic: U.S.-Korea Free Trade Agreement
Speaker: U.S. Senator Carl Levin of Michigan
Venue: Senate Chamber, United States Capitol, Washington D.C.
Date: October 12, 2011

Mr. President, I will vote in favor of the United States – Korea Free Trade Agreement Implementation Act. I will do so because the Obama administration has succeeded in improving the automotive provisions in the Bush administration-negotiated original agreement. The result is that U.S.-made vehicles now have a better opportunity to gain access to the historically closed South Korean market.

For too long, trade with South Korea has been a one-way street. The American market has been open and South Korea's market persistently closed by using a combination of tariff and nontariff barriers constructed to keep U.S. products out. This was most pronounced in the automotive sector, which makes up the majority of our trade deficit with South Korea. For instance, in 2010 South Korea shipped 515,000 cars to the United States while U.S. automakers exported fewer than 14,000 cars to South Korea. In 2010, we ran a $10 billion trade deficit with South Korea. Our trade deficit with South Korea in the automotive sector accounted for all of that $10 billion. Correcting our deficit in the automotive sector would go a long way to fixing our overall trade deficit with South Korea.

The original 2007 U.S.-Korea FTA negotiated by the Bush Administration was fundamentally flawed. The agreement called for significant concessions from the United States but would have perpetuated a skewed playing field that unfairly disadvantages U.S. automotive exports. It would have left in place the ever-shifting regulatory regime South Korea has used to effectively bar U.S. autos from the South Korean market. For example, South Korea has imposed so-called auto safety regulations that are unique to Korea and don't have anything to do with safety such as the location of towing devices or headlights or the color of turn-signal lamps. This means that no vehicle built outside of Korea can be sold in Korea without special and expensive modifications and testing to meet these Korean requirements.

The failure to address these and other arbitrary, ever-changing regulations was one of the main reasons the agreement was not brought before the Congress for approval for so long. I was opposed to that agreement and as co-chairman of the Senate Auto Caucus, I spoke out against it.

I am pleased that President Obama recognized the importance of the U.S. automotive industry and reopened the agreement to negotiate significantly improved terms for U.S. auto exports to South Korea.

Importantly, the revised agreement will prevent South Korea from relying on discriminatory safety regulations as it has in the past to keep out U.S. auto imports. It does this by requiring South Korea to recognize 25,000 vehicles built to meet U.S. safety standards per automaker per year as meeting South Korean safety standards. This is an increase from 6,500 in the 2007 agreement. The revised agreement also includes an auto-specific safeguard designed to protect against potential surges of South Korean cars and trucks once the applicable tariffs are eliminated.

Under the original 2007 agreement, almost 90% of South Korea's auto exports to the United States **would have received** duty-free access. But why **should we have reduced** our few remaining tariffs to South Korean auto exports unless we **were assured** greater access to the South Korean markets for our auto exports? For instance, the U.S. auto tariff is only 2.5 percent compared to the South Korean auto tariff of 8 percent. The revised agreement corrected this inequity by reducing Korea's 8 percent duty to 4 percent immediately and to zero in **year 5** while delaying elimination of the duty on South Korea's auto exports until year five, giving U.S. automakers the time to build a brand presence that will reverse decades of South Korean protectionism.

(원래의 2007년 합의에서는 거의 90%에 달하는 한국의 대미 자동차 수출은 면세 혜택을 받았을 것이다. 그러나 미국의 자동차 수출을 위한 더 큰 한국시장 접근권을 미국이 보장받지 않는다면 왜 (한국의 자동차 수출에) 미국의 얼마 남지 않은 관세를 낮춰줬어야 하나? (과거 실제로는 그렇게 하지 않음) 예를 들어, 한국 자동차 관세 8%에 비해, 미국 자동차 관세는 2.5%밖에 되지 않

는다. 개정된 합의는 한국의 8% 관세를 즉각 4%로 낮추고 5차년도까지 한국의 자동차 수출에 대한 관세 제거를 늦추면서 5차년도에는 완전히 없앰으로써 이 불균형을 바로 잡았던 바, 미국의 자동차 업계에 수십 년에 걸친 한국의 보호무역주의를 번복할 브랜드 구축 시간을 준 것이다.)

The 2007 agreement was flawed also in how it dealt with the growing field of electric vehicles. The 2007 agreement **would have allowed** for a 10-year phase-out of the 8 percent South Korean tariff on hybrid electric passenger vehicles and the 2.5 percent U.S. tariff. That was not a fair deal for U.S. electric car exports. It's bad enough that the current South Korean electric car tariff is more than 3 times the U.S. tariff. The 2007 agreement **would have locked** in place South Korea's electric car tariff advantage for 10 years. Why in the world **would we agree** to that? Thankfully the Obama administration did not. Under the revised agreement, the South Korean tariff on electric cars immediately drops from 8 percent to 4 percent. Then the 4 percent South Korean tariff and the 2.5 percent U.S. tariff are phased out over 5 years. Though the tariffs are still not completely symmetrical, it's a big improvement over the original deal. And importantly, this phase-out now tracks the EU-Korean FTA, so U.S. automakers will now not be disadvantaged compared to European automakers in the South Korean market as they would have been under the 2007 agreement.

(2007년 합의는 점증하는 전기차 취급법에서도 하자가 있었다. 동 합의는 하이브리드 전기승용차에 대한 8%의 한국 관세와 2.5% 미국 관세를 10년 동안 단계별로 철폐했을 것이다. (실제로는 철폐하지 않았다) 그것은 미국 전기자동차 수출에 공정한 거래가 아니었다. 현재 한국 전기차 관세가 미국 관세의 3배가 넘는 정도로 잘못돼 있다.

2007년 합의는 10년간 한국 전기차의 관세 우위를 고착화시켰을 것이다. 우리가 도대체 왜 그것에 찬성할 것인가? 고맙게도 오바마 행정부는 그러지 않았다. 개정된 합의에서 전기차에 대한 한국의 관세는 즉각 8%에서 4%로 떨어진다. 그 후 4% 한국 관세와 2.5% 미국 관세는 5년에 걸쳐 점차적으로 소멸된다. (현재 시제) (양국) 관세는 아직 완전히 균형을 이룬 것은 아니지만 원래 거래보다는 크게 향상된 것이다. 또 중요한 것은 이 점진적 철폐가 이제 한-EU FTA에도 적용돼 미국 자동차 업계는 2007년 합의 하에서라면 그렇게 되었을 테지만(불이익을 받았을 테지만) 이제 유럽 자동차 업계에 비해 불이익을 받지 않을 것이다.)

이 부분은 가히 가정법 과거완료의 향연이라고 할 수 있다.

Stakeholders, including members of Congress, the United Auto Workers and U.S. auto companies, pushed hard for improved market access in the U.S.–Korea FTA. Thanks to the improvements that the Obama administration has negotiated, the UAW, Ford, GM and Chrysler as well as the Motor & Equipment Manufacturers Association (MEMA), among others, support the agreement. They think it will result in their being able to sell more U.S.-made vehicles in South Korea. Specifically, Chrysler has stated that as a result of the FTA, it expects to sell 20,000 units per year in South Korea by the end of 2014 compared to the paltry 2,638 passenger vehicles it sold there in 2010, and that the company plans to expand its dealer network to 30 outlets from the current 16.

These additional U.S. auto exports translate into badly needed American jobs. The 2007 ITC report on the expected impact of the U.S.-Korean FTA estimated that U.S. exports to South Korea would increase by $10-$11 billion annually. The administration estimates that an additional $11 billion in exports would mean around 70,000 more jobs annually. In an updated ITC report requested by Senator Wyden to assess the impact that the FTA tariff reductions will have on jobs, the ITC concluded that the agreement has the potential to create about 280,000 American jobs.

The agreement also has strong labor and environmental provisions that were agreed to in May 2007 at the insistence of Democratic members of Congress, led by my brother, Congressman Sandy Levin. They include the enforcement of a commitment to adopt and enforce internationally recognized labor and environmental standards and agreements.

It's high time we insisted on a different trade model that fights for a level playing field for American exports and American workers. I believe that the revised U.S.-Korea FTA moves significantly toward that model and I will vote in favor of the legislation to implement it.

〈 GLOSSARY 〉

Topic: U.S.-Korea Free Trade Agreement
Speaker: U.S. Senator Carl Levin of Michigan
Venue: Senate Chamber, United States Capitol, Washington D.C.
Date: October 12, 2011

Korea Free Trade Agreement Implementation Act: 한미**FTA**이행법안

tariff/non-tariff barriers: 관세/비관세 장벽

trade deficit: 무역(수지)적자

concession: 양보
ever-shifting regulatory regime

towing devices: 견인 장치

turn-signal lamps: 방향 지시등

co-chairman of the Senate Auto Caucus: 상원 자동차 간부회의 공동의장
auto-specific safeguard

receive duty-free access: 관세 면제를 받다

brand presence: 브랜드 인지도

phase-out: 단계적 관세 철폐
this phase-out now tracks the EU-Korean FTA

United Auto Workers (UAW): 전미자동차노동조합
Ford, GM, Chrysler
Motor & Equipment Manufacturers Association (MEMA):

미국자동차부품공업회

ITC report: 미국 국제무역위원회 보고서

Senator Wyden: 론 와이든 상원위원(오레곤 주)

Congressman Sandy Levin: 샌디 레빈스 위원

제8강 공식대외원조(ODA) 관련 연설

2011년 11월 29일부터 2박3일간 부산에서는 한국 정부와 경제협력개발기구(OECD) 공동 주관으로 부산세계개발원조총회가 열렸다. 국제사회에서 한국이 원조 · 개발 분야의 주도국이자 선진국과 개발도상국을 잇는 가교로 인정받는 것에 비해 국내의 관심은 덜했다. 부산 총회는 개발 협력 분야에 있어 최대 규모의 국제회의였다. 기존 '원조가 과연 효과가 있는가' 라는 기술적인 논의에서 '단순 원조로 그치는 게 아니라 원조가 개발의 씨앗이 되려면 어떻게 해야 하는가' 로 패러다임이 바뀌는 자리가 되었다고 한다. 개최 장소인 부산은 1950~60년대 원조 물자의 하역항이었다가 이제는 원조 물자를 실어 나르는 선적항이자 세계 5위의 무역항으로 바뀌었다는 상징성이 있었다. 통역을 공부하는 우리는 '개발' 이나 '빈곤퇴치' 등 UN을 중심으로 한 국제사회의 화두에 과연 얼마나 관심과 조예가 있을까? 우리나라가 국제사회의 개발 의제를 주도한다는 게 무슨 의미일까?

국제적으로 개발 협력의 주요 프로세스는 3개다. 첫째, 유엔은 2015년을 목표로 새천년개발계획(MDG · Millennium Development Goals)을 추진하고 있다. 반기문 총장이 재선 후 중점적으로 추진하는 부분이다. 둘째, 기존 개발 원조를 논의하는 핵심 모임인 경제협력개발기구(OECD)의 개발원조위원회(DAC · Development Assistance Committee)에 지난해 가입했다. 끝으로 지난해 주요 20개국(G20) 정상회의에서 개발을 주요 의제로 포함시켰는데, 현재 우리나라는 프랑스 · 남아공과 함께 G20 개발그룹 공동의장직을 수행 중이다. 3개의 프로세스 모두 한국과 연관돼 있지 않은 것이 없기 때문에 개발 의제를 전략적으로 잘 활용한다는 얘기도 듣는다. 2000년대 이후 선진국 일변도의 개발 논의에서 양상이 바뀌고 있다. 과거에는 선진국-수여국 간 양자 차원에서 원조 논의가 진행됐지만 최근엔 주체(actors)가 많아졌다. 중국 · 인도 · 브라질 등 신흥국의 원조 규모가 커지고, 빌 게이츠 등 민간 영역의 역할도 커지고 있다. 여기에 기업들도 영리활동과 병행해 자선사업을 벌인다. 이를 포괄할 수 있는 개발 논의가 필요하다. 부산 총회가 바로 그 자리가 된 것이다.

Aid for Trade: Showing results

Remarks by Angel Gurría, OECD Secretary-General,

delivered at the launch of the 3rd Global Review of Aid for Trade

17th July 2011 - 18 July 2011 Geneva, Switzerland

Honorable Ministers, Excellencies, dear Pascal, distinguished participants, ladies and gentlemen; it is my great pleasure to be here with you to present the third joint OECD/WTO monitoring report "Aid for Trade at a Glance: Showing Results."

Back in 2007, I presented the first Aid for Trade at a Glance report. Then, in addition to our global analysis, the report provided detailed information on the 7 developing countries that took part in that first monitoring exercise.

In 2009, I returned and we had a much broader coverage of 85 developing countries. Now, in 2011, we have based our analysis not only on an equally high level of participation, but also on 275 aid-for-trade case stories, half of which were provided by developing countries.

The 2009 report argued that the international community needed to maintain momentum in the face of the Great Recession. The 2011 report shows that we did. The report paints a welcome picture of aid for trade contributing to better lives for women and men across the developing world.

It shows how aid for trade is becoming a growing priority for an increasing number of developing countries and donors; and how aid for trade is being connected to the broader development agenda, with strategies and priorities increasingly focusing on competitiveness and trade-led economic growth. This development demonstrates a clear change in mind sets. We are not just building new roads or bridges. We are witnessing a true economic transformation taking shape in the developing world.

In response to the aid for trade priorities, donors committed USD 40 billion in 2009. This translates to an average annual real growth rate of 15% since the start of the Initiative. The share of the low-income countries and consequently Sub-Saharan Africa has been steadily rising as has the share of regional and global programs. Disbursements have been growing at a constant rate of between 11 and 12% for each year since 2006 – reaching

USD 29 billion in 2009. Thus donors are meeting their commitments.

The outlook for aid for trade is stable. Last year in Seoul, G20 leaders committed to maintain, beyond 2011, at least the levels reached in the years 2006-2008. Some OECD countries are confronted with large budget deficits and find it difficult to respond adequately to the higher demand for aid for trade. Fortunately, continued growth of South-South cooperation can become an important complement to the support provided by DAC donors.

In any event, we should continue to make the case for more Aid for Trade by demonstrating its value and usefulness: taking steps to better measure results is essential if we are to show that progress is being made towards the development objectives of the Aid-for-Trade Initiative

Last summer, Pascal and I jointly launched a call for the submission of case stories to probe deeper into the results of the almost USD 100 billion that have been spent on aid for trade between 2006 and 2009. We wanted to understand better the key ingredients of success or shortcomings and what we could learn from experiences so far.

In total, we received 275 case stories from more than 145 countries – ranging from the smallest states, such as Solomon Islands, and Comoros, to the largest, such as China – and covering all major developing regions and income categories.

Nearly half of them were submitted by developing countries, which emphasizes the potential for knowledge sharing. They revealed the rising importance of South-South co-operation - not only that of middle-income countries helping low-income countries, but also of low-income countries helping each other.

Collectively, the stories provide a wealth of information on the efforts by developing countries, the donor community, the private sector, think tanks and NGOs to promote trade as an engine for growth and development. The sheer quantity of activities recounted in these case stories prove that aid-for-trade efforts are substantial across a wide spectrum of countries and are becoming more central to their development strategies.

Although not always easy to attribute cause and effect, the case stories nevertheless show clear results of how aid for trade programs are helping developing countries build the human, institutional and infrastructure capacity that they require to integrate into regional and global markets and benefit from trade opportunities.

Many stories speak of demand-driven, technical capacity-building programs that are helping countries define export-oriented growth strategies. Other stories highlight how aid has enhanced the capacity of trade officials to participate effectively in international negotiations, understand the implications of agreements and implement them once agreed. A large number of stories detail how industry-specific programs address market failures to help the private sector better access foreign markets. Stories about aid programs that assist private companies in meeting international standards report successes about becoming part of global value chains. Accounts of trade facilitation programs and economic infrastructure projects, including regional corridors, describe how trade costs are significantly reduced.

The case stories cite several factors which are critical for success:

Ownership at the highest political level and active engagement of all domestic stakeholders, including the private sector and civil society;

Long-term donor commitment and adequate and reliable funding;

Leveraging partnerships, including with providers of South–South co-operation;

Combining public and private investment with technical assistance; and

Supportive macroeconomic and structural adjustment policies as well as good governance are vital for delivering the longer-term trade and development objectives of the Aid-for-Trade Initiative.

You can find all of these stories on the joint OECD-WTO aid for trade website.

They are merely the start of a learning process, rather than the end. We need to undertake many more follow-up activities to understand better the results of aid for trade in different contexts and their wider applicability. Such knowledge sharing should address the question of how to better demonstrate that aid for trade is a worthwhile investment for improving trade performance, generating economic growth and reducing poverty.

This is the objective of the OECD publication "Strengthening Accountability in Aid for Trade", that provides good practices for strengthening results in aid for trade. In addition, it suggests that there is much to be gained from working together to measure progress towards partner countries' trade development targets. Such approaches will further strengthen country ownership, the critical factor in ensuring the effectiveness of aid for trade.

Progress is being made in that respect: Not only have aid-for-trade flows been growing steadily, but aid-for-trade programs are also being delivered more effectively. Developing countries are demonstrating greater ownership and there is clear evidence of broader stakeholder consultations. Donors continue to work towards harmonizing their procedures and aligning their support around developing countries' trade-related priorities.

These positive findings are consistent with the conclusions of the recent evaluation of the implementation of the Paris Declaration. The challenges of delivering aid for trade effectively are indeed not unique, but are part and parcel of the broader development effectiveness agenda. Improving aid quality and development effectiveness more broadly is not just an objective of the Aid-for-Trade Initiative, but also of the Fourth High Level Forum on Aid Effectiveness, which will be held from 29 November to 1 December 2011 in Busan, South Korea. Aid for trade will figure prominently in Busan, and we will showcase the Initiative as a prime example of what can be achieved by applying the Paris Principles on Aid Effectiveness. We will also use aid for trade to illustrate how aid can leveraged to deliver development outcomes.

(이 긍정적 사실들은 최근 파리선언 이행 평가의 결론과 일치한다. 효과적 무역원조 전달의 과제는 실제로 별난 것이 아니라, 더 큰 개발효과의제의 일부다. 원조의 품질과 개발효과를 더 폭넓게 개선시키는 것은 단지 무역원조 계획뿐 아니라 2011년 11월 29일부터 12월 1일까지 한국의 부산에서 열릴 4차 원조효과 고위급회담의 목적이기도 하다. 무역원조는 부산에서 중요한 의제가 될 것이고, 파리 원조효과원칙을 적용함으로써 우리가 무엇을 이룰 수 있는 지를 보여주는 첫 본보기로 무역원조 계획을 내세울 것이다.)

In return, we expect Busan to provide us with valuable inputs on how to improve further our aid management framework to achieve trade results. Equally, we expect Busan to show how we can further expand our efforts to build trade capacity, for instance, through new financing modalities, and knowledge sharing.

(반대급부로, 우리는 부산회의가 무역이라는 결과를 달성하기 위해 우리의 원조 관리망을 어떻게 더 개선시킬 것인가에 대해 소중한 조언을 제공하기를 기대한다. 마찬가지로, 우리는 부산회의가 예를 들어 새로운 재정조달 방식과 지식공유를 통한 우리의 무역역량 구축 노력을 어떻게 확대시킬 수 있느냐를 보여주기를 기대한다.)

We need to realize, however, that aid is only one source –albeit important for some- in the broader landscape of actors and approaches that support development. We need to welcome the opportunities that are presented by these different actors and approaches. And we need to work together to build on their achievements and innovations, some of which have been reported in the case stories. I hope that at the next Global Review we will be able to conclude that we have come one step closer to making the multilateral trading system more development friendly. Thank you.

(그러나 우리는 원조라는 것이 일부 국가에는 중요하지만 개발을 뒷받침하는 주체와 접근방식의 더 광범위한 배경 속에서는 한 가지 방법일 뿐임을 자각할 필요가 있다. 우리는 이 여러 가지 주체와 접근방식들이 제시하는 기회들을 환영할 필요가 있다. 그리고 우리는 일부가 사례 소개에 보고되었듯이 그들의 업적과 혁신 사례들을 더욱 발전시키기 위해 함께 노력할 필요가 있다. 나는 다음 글로벌 리뷰에서 다자간 무역체계를 더욱 개발친화적으로 만드는데 한걸음 더 가까이 갔다는 결론을 내릴 수 있기를 희망한다.)

〈 GLOSSARY 〉

Aid for Trade: Showing results Remarks by Angel Gurría, OECD Secretary-General, at the launch of the 3rd Global Review for Aid for Trade. July 17-18, 2011, Geneva, Switzerland

□ Aid for Trade(무역을 위한 원조): 세계무역기구(WTO)가 주관하는 회의로, 개도국과 특히 최빈 개도국(Least Developed Countries)들이 무역 자유화의 혜택을 공유할 수 있도록 개도국의 무역역량 증진을 목적으로 하는 제반 원조를 의미하며, 이를 위해 2005년 WTO 홍콩 각료회의에서 '무역을 위한 원조 이니셔티브'가 발족되었고, 2007년 제1차 글로벌 리뷰를 시작으로 2년마다 개최하고 있다. (1차: 2007년 11월, 2차: 2009년 7월 개최) 1차, 2차 글로벌 리뷰 회의에서 참여국들의 공감대 및 실질적 효과가 검증되었고, 3차 회의에서는 향후 세계 무역원조의 잠재적 효과와 영향력을 극대화 시키기 위한 방법을 모색하였다.

□ 연사: OECD 사무총장 앙헬 구리아 17 July 2011 - 18 July 2011
멕시코 외무장관과 재무장관을 역임. 2006년부터 OECD 사무총장에 있음. 매회 글로벌 리뷰에서 "Aid for Trade at a Glance"(한 눈에 보는 무역을 위한 원조)보고서를 발표.

1. Pascal (Lamy): 파스칼 라미 WTO 사무총장
2. The Great Recession: (경기) 대침체
3. welcome picture
4. Aid for Trade Initiative: 무역을 위한 원조 이니셔티브
5. Sub-Saharan Africa: 사하라 이남지역
6. Disbursements: 원조 지급금
7. South-South cooperation: 남남 협력

8. DAC (Development Assistance Committee) 개발원조위원회

- OECD 산하 위원회로 회원국들간 정책대화를 통해 개도국에 대한 공적 개발원조 정책의 상호조정 및 효율제고, 개도국의 지속가능한 경제 、사회 개발 지원을 위한 원조규모 확대 및 원조활동 효율성 제고를 위한 회원국간 정책 협의 및 조정을 목적으로 한다.

9. Solomon Islands: 솔로몬 제도

10. Comoros: 코모로

11. "Strengthening Accountability in Aid for Trade": 무역을 위한 원조의 책무성 강화 (무역을 위한 원조의 효과성을 평가하는 보고서) COUNT

12. The Paris Declaration: 파리선언

13. part and parcel: 핵심적인 부분

14. The Fourth High Level Forum on Aid Effectiveness: 4차 부산세계개발원조총회

15. Paris Principles on Aid Effectiveness: 원조 효과성 관련 파리선언 원칙

16. albeit: 비록 -일지라도

17. multilateral trading system: 다자간 무역체계

제9강 시 · 공간을 넘나드는 연설

통역은 대부분 현시대(contemporary)의 연설을 대상으로 하지만 그런 연설에서도 동서고금의 시 · 공간을 넘나들어야 하는 경우가 많다. 특히 교통수단의 발달로 지구촌은 지리적으로 서로 자꾸 가까워지고 인터넷 등 정보기술이 시차를 없애고 있기 때문이다. 결과적으로 한 나라의 사건이나 사고가 그 나라에 머물지 않고 이웃 나라, 전 세계에 파급 효과를 초래한다. 이번 연설의 주제인 기후 변화를 예로 들면 시 · 공간적 고려사항은 다음과 같다.

우선 기후변화 관련 국제회의는 유엔환경개발회의(UNCED)와 당사국 총회(COP)가 있다. 최초의 UNCED는 1992년 브라질 리우 데 자네이로에서 열려 리우 정상회의라고 불리고 주 의제는 '환경과 지속 가능한 개발' 이었다. 이 회의에서

채택된 것이 유엔기후변화협약(UNFCCC)이다. 5년 후 1997년 뉴욕에서는 유엔 총회의 특별 회기에서 1992년에 채택된 Agenda 21을 검토 및 평가하였다.

1995년 베를린에서부터 매년 UNFCCC 관련국들이 모인 회의가 당사국회의(COP)로, 2차 제네바 회의를 거쳐 1997년 일본 교토에서 교토의정서를 채택했다. 기후변화협약의 구체적 이행 방안으로 선진국의 온실가스 감축 목표치를 규정하였다. 의무감축국가인 38개 선진국들은 온실가스 총 배출량을 2008년부터 2012년까지 1990년과 비교하여 평균 5.2% 감축해야 한다. 당사국 회의의 역사는 다음과 같다. 연도에 따라 어느 대륙의 어느 도시에서 열렸던 가를 머리 속에 끝없이 영상화해야 쉽게 통역할 수 있다.

Conferences of the Parties

1995 – COP 1, The Berlin Mandate
1996 – COP 2, Geneva, Switzerland
1997 – COP 3, The Kyoto Protocol on Climate Change
1998 – COP 4, Buenos Aires, Argentina
1999 – COP 5, Bonn, Germany
2000 – COP 6, The Hague, Netherlands
2001 – COP 6 bis, Bonn, Germany
2001 – COP 7, Marrakech, Morocco
2002 – COP 8, New Delhi, India
2003 – COP 9, Milan, Italy
2004 – COP 10, Buenos Aires, Argentina
2005 – COP 11/MOP 1, Montreal, Canada
2006 – COP 12/MOP 2, Nairobi, Kenya
2007 – COP 13/MOP 3, Bali, Indonesia
2008 – COP 14/MOP 4, Poznań, Poland
2009 – COP 15/MOP 5, Copenhagen, Denmark
2010 – COP 16/MOP 6, Cancún, Mexico
2011 – COP 17/MOP 7, Durban, South Africa
2012 – COP 18/MOP 8, Seoul, Korea?

이렇듯 '기후변화' 라는 주제에서도 시간은 최소한 1992년부터 약 20년의 간격이 있고 공간에서는 미주대륙에서 대서양을 넘어 유럽, 다시 아시아로, 다시 아프리카의 남아공 더반까지 전 지구를 망라한다. 통역사가 이런 시공간을 자유롭게 넘나들지 못하면 훌륭한 통역은 불가능하지 않겠는가? 모든 주제의 시공간적 내력을 많이 알수록 통역은 더 능숙해질 수 있는 것이다. 특히 연설 내용이 공간적인 이동을 할 때 통역사는 5대양 6대주를 넘나들며 머리 속에 그림을 그려야(visualize) 한다.

모든 연설에서 시각적인 영상화(visualization)는 통역을 쉽고도 능숙하게 만든다. 예를 들어 연설의 아프리카 관련 부분에서는 아프리카의 뿔(Horn of Africa), 사하라 이남지역(Sub-Saharan Africa), 사헬(Sahel) 지역 등을 통역사 머리 속 지도에 그릴 수 있어야 한다. 따라서 관련 연설 통역을 준비할 때 세계지도를 한 번이라도 펼쳐보는 게 좋다. 지도를 보고 있으면 많은 연설 내용이 저절로 이해되는 수가 많다. 한 번 해보라...

International Green Business Dinner
London, 10 October 2011
Address by Christiana Figueres, Executive Secretary
United Nations Framework Convention on Climate Change

Mr. Bentley, Deputy Director-General, CBI
Excellencies
Ladies and gentlemen

Good evening. It is a great pleasure to be here at the Museum of London. The rich history of this great city, with all its ups and downs, is nothing short of impressive. What is particularly outstanding in the context of tonight is how one of Britain's most prominent inventions shaped the world we live in today. In 1776, Matthew Boulton said "I sell here, Sir, what all the world desires to have – power". He was of course referring to his and James Watt's improved steam engine without which the industrial revolution could not have happened. We all know that the upshot of this was a **new infrastructure** that met the needs of that time and concurrent new ways of deploying both public and private finance to establish that **new infrastructure**, for centuries to come.

연설의 첫 꼭지에서 연설 장소가 어디인가가 중요함을 보여준다. 런던의 많은 박물관 중 하나인 '런던 박물관'에서 연설하면서 영국의 수도 런던의 풍부한 역사를 치하하고, 영국이 발명한 증기기관 덕분에 일어난 산업혁명을 언급하며 기후변화를 논할 준비를 한다. 역사와 지리로 점철된 이런 도입부분을 너끈히 이해해야 통역이 풀려나간다.

Today, the world still needs power and will grow in power demand. But the world also knows that the fossil fuel-based infrastructure might meet some people's short-term needs, but it no longer meets our collective long-term needs in a safe manner. We need a fundamental change that is at least as great in magnitude as the change that the improved steam engine brought with it, but at a much faster pace. We need, and are poised for, a new industrial and energy revolution.

And so it is a great pleasure to address a group of business leaders that has embarked on the road towards this. Mr. Bentley has given an impressive overview of how you see things, and what you need from the intergovernmental negotiations to move forward. No doubt, you are curious to hear where the negotiations are - and, if you permit me, to tell you what we need from you to move forward. Let me begin by updating you on the state of play.

I just arrived from Panama, and am pleased to inform you that governments had productive discussions as they prepare for Durban, where they will build on the Cancun Agreements on the one hand, and tackle some very difficult political issues that were left unheeded in Cancun, on the other.

In Cancun, governments decided to begin to build an infrastructure that will support a broader, more ambitious climate change regime. The infrastructure includes the Green Climate Fund, the Technology Mechanism and the Adaptation Committee, all of which have the goal of supporting enhanced action on both mitigation and adaptation in developing countries.

These institutions have been in a design phase during this year and are well on track to be approved in Durban. While the role of the private sector in all three institutions is still being discussed, the good news is that it IS being discussed and that the awareness of its role is on the rise. Needless to say, once these instruments become operational they will not only support climate action in developing countries, but in so doing, they will open new markets and new opportunities.

The progress on the infrastructure-building that Cancun delivered is encouraging and an important step forward. But Cancun fell short of addressing the real political issues, and this needs to be done at Durban. Of course this concerns the open questions on the Kyoto Protocol and the emerging mitigation framework.

Under the Kyoto Protocol, negotiations are beginning to work against the clock. With the end of the first commitment period almost in sight, and the critical need to ensure that pledges will be met, there is an urgent need to find a viable way forward in Durban.

Yet within the negotiations, there is still uncertainty on how the nature and status of emission reductions should be handled going forward.

Many Parties want targets for Annex I Parties to be inscribed in a new second commitment period under the Kyoto Protocol. Others have stated that they will not participate in a second commitment period of the Kyoto Protocol and would like to see mitigation commitments and actions formally anchored and monitored in a new mitigation framework under the Climate Change Convention. The European Union has opened the possibility of a second commitment period if others embark on comparable efforts.

Durban needs to address both further commitments of developed countries under the Kyoto Protocol and the evolution of the mitigation framework under the Convention, while ensuring the differentiated participation of developing countries. Realistically, and out of necessity, this may need to involve interim arrangements. Which arrangements? We don't know yet? According to what rules? We don't know yet. Interim for how long? We don't know yet.

I would be highly surprised if this gives you deep insight and clarity on the international policy construction. And to top it off, I have more bad news, the pace of the intergovernmental negotiations is slow. The pace is slow for three main reasons:

1. The deep North -South divide over historical responsibility still has more weight than the forward looking approach of respective capabilities.

2. All big players are still under severe financial constraints and face complicated domestic political constraints, including upcoming election processes, prior to which their political manoeuvrability is severely limited.

3. Perhaps most importantly, the economic/social transformation needed for a 2 degrees Celsius ceiling is nothing short of an industrial/energy revolution. It depends on a wide range of changeovers, from societal behavioural changes, to overriding national policies and investment redirections at levels never experienced before, going way beyond the current Kyoto Protocol.

The compounded result is that the scale of the task at hand exceeds the capacity of the political and economic mechanisms currently available to meet the task. Furthermore, the willingness of governments to move forward ambitiously is severely handicapped unless business provides the impetus…

…and that is where you come in.

Business, has the power to change consumer and supplier behaviour and turn it into a powerful vocal support that gives policy makers a clearer space in which to act. I am encouraged that many enlightened companies, present company included, have embarked on this.

I fully understand that you could be more aggressive in your capital allocations if you had a stronger market signal from the policy providers. But today I stand before you with a clear request: help us break that vicious cycle. Help us convert it into a virtuous cycle that can power new growth, create jobs in new sectors, help alleviate poverty and stabilize the climate.

Admittedly, in the absence of a clear solid international framework, this represents a risk for business, but I pose that it is a manageable risk. It is manageable based on simple math.: Today, a 7 billion global population produces a global GDP of approximately USD 60 trillion and an annual emission rate of 30 billion tons CO2e. Current projections suggest a population of 7-10 billion and a GGDP of USD120-200 trillion by 2030.

Climate science (yes, I confess that I believe in science) tells us that we need to reduce our annual global carbon emission level to 20 billion tons by 2030. That means that each ton of CO2 emitted by 2030 will have to produce up to 5 times as much economic value added as it does today.

Let us not be so naive as to think that we will live in a world free of hydrocarbons; in fact even with climate action the use of fossil fuels will grow, but in a low carbon future their relative importance will dramatically shrink. The business success of tomorrow is born of the low carbon opportunities of today.

A low carbon economy necessitates a multifaceted paradigm shift across a broad spectrum, from individual behaviour to national policies. But let me assure you that the shift will not be a clean straight line. We are barely putting in the foundations of the new economy, we are constructing it, and all construction sites are messy.

The way that I see it, the transformation we are talking about requires three components:

1. Capital availability;
2. Execution capability;
3. And policy support. Yes, you could do more if you had the pull of ambitious policy.

However, given the slow pace of international policy, may I be so bold as to ask you:

- are you exploring to the outmost those opportunities that allow you to increase low carbon market share, thereby converting your activity in the market into a push for governments to take more ambitious decisions?

- Are you in active conversations with your business partners in other countries in which you operate, encouraging them toward increasing sustainability?
- Are you demanding more national policy action?
- Are you exploring the possibility of innovative public-private partnerships?
- Are you collectively vocal enough to at least balance, if not drown out, the corporate voices of those who see no benefit in rapid action?

The challenge may sound difficult or even impossible, but I trust I am speaking to a group of leaders for whom, in the context of the future of this planet, impossible is not a fact, it is an attitude, limited only by your sense of ingenuity.

Just over the last 24 hours I have heard of two visionary examples: The Climate Bonds Initiative in the financial sector, and the internal pricing of carbon in a major energy company in order to support new technologies. In a still imperfect, disjointed policy world these initiatives and others are showing what can be done to accelerate the transformation.

Ladies and gentlemen, your leadership is essential:

1. To push the envelope within your own business;
2. To bring around others in your business field to be ambitious; and
3. To create a virtuous cycle of push and pull between public and private sectors to pave the road toward sustainability and a low carbon future.

In that context, I would like to issue you an invitation. On the occasion of the next climate change conference in Durban, the climate change secretariat is planning to showcase a limited number of visionary public-private partnerships that have been formed to attain concrete action on reducing emissions or increasing resilience to climate change in developing countries.

We are starting with PPPs that are either located in Africa, or have direct beneficial impact on the urban poor worldwide. On the basis of this we will launch a fully fledged programme for the next COP and beyond. If you are involved in any such partnership, I invite you to let me know.

Ladies and gentlemen, what was true for businesses during the industrial revolution holds true for businesses today: if the infrastructure and energy system no longer meets the needs of the day, and much less of the future, it doesn't make sense to continue build in the old ways, to continue to invest in assets that will soon be stranded.

There is no doubt that environmentally sound technologies need to spark a green revolution facilitated by new ways of deploying finance. There is no doubt that you have a key role to play in this revolution.

I thank you for what you have already done. I thank you for considering doing more.

〈 GLOSSARY 〉

International Green Business Dinner
Christina Figueres, UNFCCC Executive Secretary
The Museum of London
October 10, 2011

Christina Figueres 크리스티나 피게레스

현 유엔기후변화협약 사무총장(2010년 5월~). 코스타리카 기획처에서 국제협력 이사 및 농업부 참모총장을 지냈으며, 아메리카신재생에너지(REIA) 이사를 역임. 아메리카지속가능개발센터 설립자이기도 함.

UNFCCC(United Nations Framework Convention on Climate Change) 유엔기후변화협약

정식명칭은 '기후변화에 관한 유엔 기본협약'이고 리우 환경협약이라고도 불리며, 1992년 6월 정식으로 기후변화협약으로 체결되었다. 목표는 이산화탄소 CO2를 비롯한 온실가스의 방출을 제한하여 지구온난화를 방지하는데 있다.

CBI (Confederation of British Industry) 영국산업연맹

영국 기업들로 구성된 연합 조직으로 1965년에 설립되어 현재 약 20만 개 기업

이 가입해 있는 영국 재계의 대표적인 단체. 주로 기업의 이익을 대변하는 역할.

Mr. Bentley 벤틀리 박사 CBI 환경부분 이사

the Museum of London 런던박물관

영국 런던에 있는 박물관으로 1975년 개관했다. 선사시대부터 현재까지 런던의 역사와 관련된 내용을 전시한다. 구석기 시대부터 현재까지 런던의 역사와 관련한 내용을 전시한다.

Matthew Boulton 매튜 볼튼

영국의 기계기술자 출신 사업가(1728~1809). 와트의 증기기관의 개량과 증기기관의 특허를 25년간 연장하는데 힘썼으며, 산업혁명을 추진하는 역할을 수행했다.

"I sell here, Sir, what all the world desires to have – power"

저는 여기서 온 세상이 원하는 것을 팝니다. 힘이지요.

James Watt 제임스 와트

영국의 기계기술자. 팽창작동 · 평행운동 · 보일러의 매연방지장치 · 압력계 등의 발명과 마력의 단위에 의한 동력의 측정 등이 주요한 업적이다.

Panama 파나마 2011년 10월 1일~7일 기후변화협약 협상회의 개최지

11월말 남아공 더반 제17차 유엔기후변화협약 당사국총회에서 채택할 합의문 초안 협의.

Durban 더반

2011년 11월 28일~12월 9일 제17차 기후변화협약 당사국 총회(**COP1**7) 개최지

The Cancun Agreement 칸쿤 합의(문)

Cancun 2010년 11월 29일~12월 10일 제16차 기후변화협약 당사국 총회 **(COP16)** 개최지

선진국의 온실가스 감축 의무를 규정한 교토 의정서 종료 시점인 2012년 이후의 포스트-교토 체제 논의. 선진국-개도국 간 경제적, 정치적 이해관계가 첨예하게 대립해 타결에 난항 거듭. 칸쿤 결정문 채택이 유엔기후변화 다자협상체제에 대한 신뢰 회복에는 기여했으나, 구체적 내용을 담지 못하여 이행 여부는 여전히 불확실함

The Green Climate Fund 녹색기후기금

녹색기금은 칸쿤 회의에서 선진국들이 2020년까지 총 1천억 달러의 기금을 조성하기로 한 장기적 재정지원의 맥락으로 출범했다.

The Technology Mechanism 기술 매커니즘(機制)

기술의 개발과 이전에 필요한 활동을 제고하기 위해 기술 매커니즘을 설립하기로 함.

The Adaptation Committee 적응위원회

개도국의 기후변화 대응 능력을 배양하고 적응력을 지방정부 수준까지 지원할 수 있도록 적응위원회를 구성하기로 함.

mitigation and adaptation 기후변화 완화 및 적응

Kyoto Protocol 교토의정서

1997년 12월 일본 교토에서 개최된 제3차 기후변화협약 당사국 총회에서 채택되었다. 기후변화협약의 구체적 이행 방안으로 선진국의 온실가스 감축 목표치를 규정하였다. 의무감축국가인 38개 선진국들은 온실가스 총배출량을 2008년부터 2012년까지 1990년과 비교하여 평균 5.2% 감축해야 한다.

mitigation framework 기후변화 완화 체제

work against the clock 시간에 맞추어 마치려고 열심히 일하다

the first commitment period 1차 공약 기간

Annex I Parties 부속서 I 국가

a new second commitment period 2차 공약 기간

교토 의정서 종료 시점인 2012년 이후의 포스트-교토 체제에 대한 논의가 진행 중임.

a 2 degrees Celsius ceiling 온도 상승 2도 제한

CO2e Carbon Dioxide Equivalent (CDE). 이산화탄소 환산. 다양한 온실가스 배출을 지구온난화 지수(**GWP**)에 기준하여 비교 가능하도록 만든 측정수단으로 이산화탄소 배출량으로 환산하여 나타낸다. 예를 들어 메탄 백만 톤은 메탄의 온난화지수가 24.5이므로 이산화탄소 24.5백만 톤으로 나타내게 된다.

Climate science 기후과학

기후에 대해 연구하는 학문으로 여러 가지 기상현상을 통계적, 물리적 방법을 써

서 해명하는 대기과학의 한 분야

hydrocarbons 탄화수소

The Climate Bonds Initiative (CBI) 기후채권이니셔티브

CBI는 지난 3월 유럽풍력에너지협의회에서 녹색 및 기후 채권을 위한 혁신적 환경 보전 기준을 수립함으로써 채권 계의 새로운 영역을 개척했다. 이 기준은 지속가능 기관투자자들에게 저탄소 프로젝트 자금 조달을 위한 환경보전 채권 발행을 확인하는 독립적인 구조를 제시한다.

the climate change secretariat 기후변화사무국

PPPs (Public Private Partnership) 민관협력

제10강 부패관련 연설

국제회의란 이 세상에서 잘 먹고 잘 사는 계층의 모임인지도 모른다. 그들은 더 잘 살기 위해서 국제적으로 모임을 갖고, 더 큰 이익을 보기 위해 국제적인 유대관계를 만든다고 볼 수도 있다. 그런데 잘 사는 자들에게는 필연적으로 부패가 따른다. 2011년 하반기에는 미국에서 그런 부패에 물든 상위 1%에 해당하는 사람들에게 반대하고 그들을 처벌하라는 월가를 점령하라(Occupy Wall Street)는 운동이 일어났다. 평소에도 이런 반부패 운동을 하는 단체가 있으니 세계 투명성 협회(Transparency International)라는 비정부기구(NGO, Non-Governmental Organization)이다. Transparency라는 말은 바로 부정부패의 반대말(antithesis)이다.

TI는 1993년 창립돼 세계에서 반부패 운동을 주도하고 있는 NGO로 독일 베를린에 본부를 두고 있다. 1995년부터 '국가별 부패지수(CPI – Corruption Perception Index)'를 발표, 주목을 받고 있다. 또 1999년부터는 주요 수출국들의 기업들이 외국에서 활동할 때 외국의 공무원들에게 뇌물을 제공할 것인지에 대한 인식을 조사한 '뇌물공여지수(BPI – Bribe Payers Index)'도 발표하고 있다.

통역사가 반부패 등 소위 반골의 연설을 통역하는 경우는 흔하지 않다. 대부분의 통역은 기존 세계의 체제와 관행에 순응하는 연설이 대상이기 때문이다. 반골성

연설의 통역은 통역사에게 색다른 경험이 되겠지만 그만큼 반골의 입장에서 그들의 입장을 확실히 전달해줘야 한다. 지금까지 통역이 여(與)의 입장을 전달했다면 이제는 야(野)의 입장을 전달하기 위해 통역사도 변신을 해야 한다.

2011년 말에 발표된 다음의 TI 연설은 부패라는 것이 세상사의 모든 부분에 스며들어 있음을 보여준다. 특히 은행 등 금융계의 비리로 국제금융위기가 확대되고 있는 시점에서 반부패 연설은 더욱 힘을 얻고 있음을 느낄 수 있다. 또 이런 연설이 경제뿐 아니라 정치 등 세상의 모든 측면과 연결돼 있어 세상 전반에 대한 이해력을 발휘해야 훌륭한 통역을 할 수 있음을 볼 수 있다. 또, 양지가 아닌 음지에서 일하며 반골성 연설을 하는 연사들의 이력을 통역 전에 살펴보는 것도 통역에 큰 도움이 된다.

Huguette Labelle, Chair of the Board of Directors, Transparency International Annual Membership Meeting, Berlin, Germany, 14 October 2011 Reflecting on 2011: The global context and Transparency International

Ladies and Gentlemen,

Welcome to our Annual Membership Meeting 2011. As the world watched the seismic events/ unfold in Tunisia and Egypt, across the Middle East, and in massive rallies in Iran, Belarus, and India, there was a profound lesson: the indignity, the lack of respect, the abuse of human rights/ **imposed** on ordinary people/ by corrupt authoritarian regimes is intolerable. People are waking up to corruption in a way we could not have imagined a year ago. In this new age of social media and connectivity between peoples, there is an opportunity for vast populations to stand up and, with one voice, say no to corruption.

(제목이 2011년을 돌아보며: 글로벌 상황과 TI이다. 튜니지아와 이집트, 중동 전역의 엄청난 사건들과 이란, 벨라루스, 인도 등의 대규모 시위를 보며 얻은 심오한

교훈이 있으니 부패한 권위주의 정권들이 일반 대중에 강요하는 분노, 불경(不敬), 인권침해는 참을 수 없다는 것이다. 대중은 1년 전이라면 상상도 하지 못했을 방법으로 부패에 대응하고 있다. 소셜 미디어와 국가간 연결성이라는 이 새 시대에는 수많은 대중이 일어나 한 목소리로 부패에 반대할 수 있는 기회가 있다.)

My friends, this has been a year of many anti-corruption landmarks and breakthroughs. Never before/ have we come together/ at a time when our cause has been so central in so many countries. That adds excitement to the wonderful opportunities that our annual meetings bring – as we greet old friends, make new friends, listen to each other and then, finally, depart wiser and all the more inspired to fight still harder/ for what we all believe. So I greet all of you and underscore that I believe our movement has never been so strong, nor so absolutely vital. Welcome to you all.

(2011년은 많은 이정표적인 반부패 운동과 돌파구가 있었던 해였다. 우리 회의가 우리의 명분(반부패)이 그토록 많은 나라에서 그토록 중요해진 시점에 열렸던 적이 없었다. 오랜 친구를 만나고 새 친구를 사귄 후 더 현명해져서 우리모두가 믿는 대의를 위해 더욱 열심히 싸우자는 결의를 다지며 떠나는 멋진 계기가 되는 우리 연례회의에 올해는 더욱 신이 난다. 그래서 여러분 모두를 환영하며 우리의 운동이 그토록 강하고 그토록 절대적으로 중요한 적이 없었음을 강조한다.)

This year, the combination of greed, secrecy, collusion and corruption/ has resulted in massive costly economic and human damage. To open our meeting/ I would like to sketch a few of the very diverse events of recent times, and set the stage for our discussions.

(금년에는 탐욕, 밀실주의, 유착 및 부패가 결합돼 대규모로 값비싼 경제 및 인간적인 피해를 가져왔다. 근래의 매우 다양한 사건 몇 개를 요약해 우리 토론의 장을 열고자 한다.)

1. Financial crisis and its consequences

I would like to begin with the global financial crisis and its consequences.

Three years ago, the world's economy was taken to the very edge of a major **depression/** because of massive failures of risk management in leading banks and financial institutions and terribly ineffective <u>government regulators</u>. What was very evident to all of us here at Transparency International/ was that the financial system was also a consequence of governments and businesses operating without transparency and accountability. Although we cannot count the cost of corrupt activity that takes place off-books, we can count the **human cost** of corruption such as unemployment, poverty and financial insecurity in magnitudes we have not seen for decades.

(먼저 글로벌 금융위기와 그 결과로 시작하자. 3년 전, 주요은행과 금융기관들의 리스크 관리 대 실패와 끔찍하게 비효율적인 정부 규제기관들 때문에 세계경제는 대 불황의 맨 끝으로 내몰렸다. TI의 우리 모두에게 분명했던 것은 금융 시스템도 투명성과 회계책임성 없이 운영되는 정부와 기업들의 결과라는 것이었다. 장부 밖에서 이루어지는 부패 행위의 가격을 헤아릴 수는 없어도 수십 년 동안 보지 못했던 규모의 실업, 빈곤 및 금융불안 같은 부패의 인간적 대가는 헤아릴 수 있다.)

(2)

To illustrate, the financial crisis has

- Pushed 64 million extra people into extreme poverty
- Left 25 million more people without jobs
- Caused the deaths of 50,000 more children in Sub-Saharan Africa in 2009
- And reduced the value of pension funds by US $3.4 trillion in 2008.

We know/ that hundreds of thousands of people in the United States bought houses on financial terms that they did not understand and that were sold to them **by all manner of** unfair practices. As a result, so many of these people have lost their homes. But not a single **head** of the major companies that sold those mortgages has been charged with criminal wrongdoing, not one.

(미국에서 수십 만 명이 이해하지도 못하고 금융조건들에 따라 온갖 부당한 관

행으로 그들에게 팔린 집을 샀다. 결과적으로 많은 그런 사람들이 집을 잃었다. 그러나 그런 담보 대출은 팔아먹은 대기업의 어느 대표도 형사적인 범법행위 혐의를 받지 않았다. 단 한 사람도.)

Here in Europe, we are seeing **another** chapter in the global financial crisis. Banks are once again on the brink and governments face national debts that dwarf national income. Despite this damage, no country **embroiled** in this financial **debacle** has seen a single very prominent banker, or leader of finance, face any serious criminal charges of corruption – not one.

(이곳 유럽에서는 글로벌 금융위기에서 또 하나의 국면을 목도하고 있다. 은행들은 다시 벼랑 끝에 서있고 각국 정부는 국민소득을 축소하는 국가부채에 직면해 있다. 이런 피해에도 불구하고 이 금융위기에 휘말린 어느 국가에서도 단 한 사람의 매우 저명한 은행가나 금융지도자가 여느 심각한 형사적 부패 혐의를 받는 것을 보지 못했다.)

However, there are a number of cases in courts/ related to collusion of traders and unfair advantages for banks. We know that Goldman Sachs already paid $550 million last year over accusations that it had misled investors. These are just the tip of the iceberg, **the** progress of these and other **court actions**/ will be crucial to re-establishing integrity as a primary factor/ in the way the economy works.

(그러나 법정에는 거래자 유착과 은행의 부당 이득과 관련, 많은 소송이 걸려있다. 골드만 삭스는 투자자들을 오도했다는 혐의로 지난 해 이미 5억 5천만 달러를 지불했다. 이들은 빙산의 일각으로 이런 류의 법정 행동의 진전이 청렴을 최고의 경제 운영 방식 요소로 재정립하는데 아주 중요해질 것이다.)

We know European and American countries have **distributed** massive stimulus **packages**, more than US $1 trillion in 2008 alone, and spent more than US $6 trillion to bring financial aid to European and American banks.

(유럽과 미주 국가들이 2008년 만해도 1조 달러가 넘는 대규모 부양책을 썼고, 자

국 은행들의 재정 구제를 위해 6조 달러이상을 썼다는 사실을 우리는 알고 있다.)

We know that this has triggered a new cycle of increased debt

- Greece, Portugal, and Ireland alone have borrowed US $500 billion to manage their combined debt of over US$1 trillion. This, accompanied by the need for **budget cuts** and sale of **state assets**, is putting countries on the brink of another age of **austerity**. We know the risks of corruption here. Whether engaging in stimulus, bail-out or privatization, it is important/ that money being distributed is not diverted for personal enrichment.

  (우리는 이것이 새로운 부채증가 사이클을 촉발해 그리스, 포르투갈, 아일랜드만 하더라도 합쳐서 1조 달러가 넘는 부채를 관리하기 위해 5천억 달러를 빌렸음도 우리는 알고 있다. 이것이 예산 절감과 국가재산 매각의 필요성과 함께 이 국가들을 또 하나의 긴축시대로 몰아넣고 있다. 우리는 여기에 부패의 위험이 있음을 알고 있다. 배부된 돈이 부양이나 구제나 민영화 어느 쪽에 쓰이든 개인적인 치부를 위해 전용되지 않는 것이 중요하다.)

(3)

What we also know, is that as the financial and economic crisis continues, there remain enormous vulnerabilities to future crises – many of the **nonbank** financial empires, such as those of the **hedge funds**, are no better regulated today than they were three years ago. While we all understand the <u>incredibly disruptive force of illicit money</u>, little has been done to end global money laundering – the handmaiden of corruption. Meanwhile, the tools at the disposal of the facilitators of corruption are increasingly sophisticated.

- Also, some **tax haven**s have more registered companies and **trusts** per capita than industrial states: the Cayman Islands has a population of 50,000, yet banks registered there held over $1.7 trillion in assets at the end of 2008. This is more than Italy, Portugal, and Spain combined. We are acutely aware that within the complex global financial landscape, corrupt authoritarian leaders **hold** vast amounts in western banks, own valuable properties in our cities, in our newspapers and even our sports clubs, and are **equity holders** of western companies and their subsidiaries.

- We will probably find/ that this goes for much of the wealth of Ben Ali, Mubarak and Qaddafi. We already know that at least US $40 billion of their assets have been frozen by western financial centres. Yet it took the collapse of the regimes in Egypt and Tunisia/ before western authorities froze their bank accounts. Why were their accounts not frozen a long time ago? Why are so many corrupt leaders still allowed to deposit vast fortunes that belong to their citizens in western banks?

Clearly, too little has been done as well/ to ensure far more extensive and rapid repatriation of stolen assets. Despite the myriad social costs of financial secrecy, despite the obvious need for smarter, properly enforced regulation, there has already been a concerted effort to **push back** on regulation. These parties champion the same laissez-faire approach that got us into this mess.

- For example, there is opposition to absolutely **crucial** plans to force the world's top banks/ to hold up to 2.5 per cent in extra capital, so that they can face any future credit crunch.

- In 2010, the financial sector saw fit/ to back up these arguments by spending US$ 475 million on lobbying Washington DC.

At the end of 2010, our research tools warned us that corruption and opacity threaten all countries. The Global Corruption Barometer showed that **confidence and trust** in countries in the eye of the financial storm was low, with two thirds of Europeans and North Americans saying corruption had increased in the last three years.

The TI movement has been increasingly **alert and active** to many of these facets at a time when the global economy is in deep difficulty. We must spare no effort to continue to campaign for **accountability** and transparency in the financial system. We must do more as activists to ensure/ that the money launderers are exposed, that stolen assets are repatriated and those who perpetrate corruption in finance <u>be brought to justice</u>.

2. Illicit trade

Now, let me turn to a very different but no less disturbing issue – illicit trade. Corruption plays a role in every aspect of illicit trade. Bribes are paid to officials across the world so that organized crime can overcome legal barriers, circumvent justice and cause enormous suffering to innocent people.

Corruption is complicit in the most terrible and shameful activities that are visible on our planet today. Human trafficking, organized crime, drug smuggling, and arms dealing are all part of a thriving illicit trade that operates through secrecy and corrupting public institutions. If corruption is allowed to continue, more and more citizens will find their security reduced and their governments weakened.

These forces are growing because the profits of crime and corruption can be moved around the globe almost with impunity. The reach and scale of illicit trade is formidable – current estimates suggest the illicit financial flows related to all aspects of illicit trade exceed $1.3 trillion.

The most horrific element of illicit trade is human trafficking. We are well aware that millions of people, including children, are victims every year. Why are they trafficked? Why are the traffickers not brought to justice? Part of the answers lies in the ability of gangsters to purchase impunity by corrupting public officials.

(5)

That said, the fight against impunity has scored some victories this year. In French courtrooms, the case against three other African heads of state to recover stolen assets is finally proceeding. It is estimated that the fortunes of the president of Equatorial Guinea amounts to $600 million.

3. G20

In three weeks time the leaders of the Group of 20 leading economies meet at their Summit in France, so let me now turn briefly to them. During our last meeting last November, we saw an unprecedented commitment by the G20 to support major advances in the areas that we have been calling for change for many years. The G-20 Anti-corruption Action Plan was specific in its goals, such as implementing the UN Convention against Corruption. Still, we were naturally cautious – we continue to want to see firm action meet the fine rhetoric of world leaders.

The G20 meeting in the near future will build on the first Action Plan and we have been pressing hard for forceful action: from effective whistleblower protection and enforcement of anti-bribery laws, to practical measures on money laundering and tax evasion. Several G20 countries have taken positive steps.

While there were additional factors behind this progress, the G20 has no doubt had some impact on the decisions of the UK, Russia, China, India and Indonesia to adopt new anti-bribery legislation or measures. China has issued a white paper on corruption, while India ratified the UNCAC, and is said to be close to criminalizing foreign bribery.

The work of the G20 goes well beyond the countries involved. It is to be hoped that encouraging the leading economies to take strong anticorruption and pro-transparency measures will affect other countries. The G20 is therefore one of our best hopes for creating a positive contagion effect, to counteract the negative contagion created by the financial crisis.

4. People uprisings

I have talked about finances and economics, about illicit trade and the G20 initiatives, but nothing has had greater impact on our work over the last year than the loud and clear voices of ordinary people. These events remind us of the aspiration in our movement's new strategy to make our movement more inclusive and reaching out to vast audiences.

(6)

These efforts will enable their voices to be heard loud and clear in the ranks of those who oppose corruption. And all of us were, I am sure, inspired by the events of what has broadly been called the Arab Spring. In recent months,

- In Tunisia, hundreds of indictments for corruption have been filed, and the former ministers for defence and interior are on trial.

- This August, Egyptian citizens gathered on the streets to watch their former ruler of thirty years stand trial for corruption and repression of protests. Senior businessmen and ministers have been tried for corruption, fined and jailed such as the industry minister accused of wasting tens of millions of state funds.

However, if the desire for more accountable public institutions is not satisfied, the result may be further instability. Corruption creates grievances that can drive people to despair and to demonstration, but without a single leader around which popular anger can coalesce, the risk is that this energy becomes chaotic and violent.

We have also seen a change in the way world leaders speak of development. Major world players have recognised that stable economic growth will not guarantee political stability if the fruits of that growth are not shared equitably. In addition, there needs to be a new capacity for governments to listen to people and include civil society in their programmes.

- In April Robert Zoellick took an unprecedented line for the World Bank in highlighting the role of civil society in improving governance

- President Obama gave a speech quoting the protestors and speaking of how corruption held back young people, business innovation and progress and the need to work with activists who promote transparency in government.

Let us hope that next week's elections in Tunisia, with the participation of over 100 registered political parties, continue the relatively peaceful revolution.

Countries that want to fight corruption need strong, independent anticorruption institutions. In many countries, the road to establishing such institutions has been a long one. In India, there are signs that anticorruption activists are reaching an end to this stage of the journey.

- A new law will create an anti-corruption body with greater power to investigate and prosecute corruption.

(7)

- The debate around this bill has generated large amounts of public interest and high emotion. Whatever ones feelings around the nature of the bill, it is heartening to see the corruption debate top the government agenda. The protests show that governments cannot tackle corruption with symbolic gestures, they need to show a consistent commitment to transparency and integrity if they are to win over public trust.

5. The role of social media

a) People power

Throughout the world, there are increasing demands for accountability and transparency and fairer societies. Information technology has a unique and powerful role in this. In 2011 we saw how social media empowered citizens to demand change, from Cairo to Jakarta to Delhi. Social media was the secret weapon of change in the Arab Spring:

- For example, the number of Facebook users in the Arab region between January and April jumped to more than 27 million.

- The number of messages from Egypt on Twitter went from 2,300 to 230,000 in the week leading to the resignation of President Mubarak.

• Social media did not achieve change, it helped people to achieve change: by providing a new space for debate that bypassed traditional media through which governments attempted to silence protest.

• When state television would not report police violence, videos were posted and shared online.

The role of technology in building fairer societies and fighting corruption is not limited to mobilising dramatic protests: it is also being used to monitor corruption in daily life:

• The Indian website "I paid a bribe .com" must be the online corruption success story of 2011. 15,000 Indian people have posted personal stories of graft for all to see, from the 6 dollar bribe for a passport to the 800 dollar kickback of registering a home.

• So popular was it that it was soon replicated in China and Estonia, where hundreds of people are using a website called Bribespot. 2011 marked the dawn of digital activism and citizen journalism. From now on, the dynamics of policy and change will be increasingly decided in the digital world as much as by elites.

b) E government

Social media can also be a tool for governments to improve service delivery and engage citizens in planning and programme development, especially at the local level.

(8)

Citizens can use applications like online maps to report offices where they experience corruption and monitor elections. eGovernment allows disclosure of government processes such as procurement or electronic payments in areas vulnerable to bribery such as payments for customs, for licenses or for fines.

• This July Kenya became the first African country to release government data to the public through a single online platform with information on funds allocated for local areas, school enrollment rates or access to water.

- In Brazil, online data on budget execution and revenue collection of the federal government is updated on a daily basis.

Conclusion

My friends, I could continue to survey a world where in 2011 so much has happened on the issues that our movement is deeply engaged with. But, I want to hear from you and I want us to have a robust discussion. We will now proceed to a further discussion of some of these issues.

Before I pass over to my friends, allow me to add a few more words in conclusion. I believe that the events that started in Tunisia and Egypt last January have already had, and will continue to have, a transformative impact on global public opinion. As people wake up to corruption, I believe our lesson should be that if peace and social justice are to prevail, the values that we stand for are as relevant as ever in 2011.

We need to reach out to people in all our countries who share these values and wish to join a great cause for human dignity. A cause that through modern technology can reach more people than ever before. A cause that can serve to bring sunlight to the dark corridors of government and make business more accountable so that dramatically more people can stand up and, with one voice, say no to corruption. Together, I believe we can make this happen. Thank you.

〈 GLOSSARY 〉

Annual Membership Meeting(총회), Berlin, Germany, 14 October 2011
Reflecting on 2011: The global context and Transparency International
Huguette Labelle, Chair of the Board of Directors, Transparency International

1. 연사의 약력

Huguette Labelle, CC (born April 15, 1939) is a retired Canadian civil servant and the Chancellor of the University of Ottawa.

Born in Rockland, Ontario, she received a Master of Education and Doctor of Philosophy in education from the University of Ottawa.

From 1973 to 1980, she held senior management posts in the Department of Indian and Northern Affairs and in Health and Welfare Canada. From 1980 to 1985, she was Under Secretary of State for the Department of the Secretary of State. In 1985, she was Associate Secretary to the Cabinet and Deputy Clerk of the Queen's Privy Council for Canada. From 1985 to 1990, she was the Chairperson of the Public Service Commission of Canada. From 1990 to 1993, she was the Deputy Minister of Transport.

From 1993 to 1999, she was the president of the Canadian International Development Agency. Labelle headed the Canadian delegation which participated in the first Tokyo International Conference on African Development in October 1993.[1]

In 1998, she was the deputy head of the Millennium Bureau of Canada. She retired in 1999.

In 2002, she was appointed to the Board of Governors of the Canadian Centre for Management Development.

In 1994 she was appointed Chancellor of the University of Ottawa.

In November 2005, she was appointed Chair of the Board of Directors of Transparency International.

2. 국제투명성기구(TI - Transparency International)

국제투명성기구는 1993년 창립돼 세계에서 반부패 운동을 주도하고 있는 비정부기구(NGO)로 독일 베를린에 본부를 두고 있다. 지난 95년부터 '국가별 부패지수(CPI – Corruption Perception Index)'를 발표, 주목을 받고 있다. 또한 1999년부터는 주요 수출국들의 기업들이 외국에서 활동할 때 외국의 공무원들에게 뇌물을 제공할 것인지에 대한 인식을 조사한 '뇌물공여지수(BPI – Bribe Payers Index)'도 발표하고 있다.

3. **secrecy** 비밀주의, **collusion** 공모, **complicit** 연루 된, 공모

4. **offbooks: off the books** 장부 외 거래

5. **unfair practices** 불공정 거래
6. **on the brink** 벼랑 끝에 서 있다
7. **stimulus packages** 경기 부양책, **austerity measures** 긴축 정책
8. **illicit money** 불법자금, **illicit trade** 밀무역
9. **money laundering** 자금세탁, **tax haven** 조세피난처, **whistleblower** 내부고발자, **tax evasion** 탈세
10. **Cayman Islands** 케이맨 제도
11. **freeze assets** 자산을 동결하다, **handmaiden** 수단
12. **trust**: 위탁 사업체(모금되거나 빌린 돈을 투자하여 그 수익금으로 자선 활동을 하는 단체)
13. **stolen assets** 은닉자산
14. **repatriation** 본국송환, 은닉자산 회수(되찾다)
15. **laissez faire** 자유방임주의, 무간섭주의
16. **credit crunch** 신용경색
17. **opacity** 불투명
18. **The Global Corruption Barometer** 세계부패바로미터
19. **in the eye of the storm** 폭풍의 눈, 핵심, 중앙
20. **impunity** 처벌을 받지 않다, go with impunity 활보하다
21. **human trafficking** 인신매매
22. **Equatorial Guinea** 적도 기니
23. **The G-20 Anti-corruption Action Plan G-20** 반부패행동계획
24. **UN Convention against Corruption(UNCAC) UN** 반부패협약
25. **anti-bribery laws** 뇌물수수방지법
26. **interior minister** 내무장관 **industrial minister** 산업장관
27. **coalesce** 합치다, 아우르다
28. **Robert Zoellick:** 세계은행**(World Bank)** 총재
29. **Facebook, Twitter**
30. **I paid a bribe. com, bribespot**. 뇌물을 준 사실을 자백하는 사이트

31. **digital activism** 디지털 액티비즘(행동주의)

32. **citizen journalism** 시민 저널리즘(언론)

33. **graft** 뇌물 **kickback** 뇌물, 불법 리베이트(사례금)

34. **eGovernment** 전자정부

제11강 전공구분 시험 문제

다음은 2011년 12월 초에 시행된 1학년 전공구분 시험의 영한 통역 문제이다. 가끔씩 일어나는 경우지만 이 연설을 어느 반에서 시험 며칠 전 다뤘다고 공정성의 시비가 일었다. 그러나 언제나 그랬듯이 다뤄본 반의 학생들의 성적이 다른 반보다 우월하지 않았다. 통역이란 그런 것이다. 한 번 다뤄본 연설이라고 반드시 잘하란 법이 없다. 오히려 한 번 본 연설이라는 흥분 때문에 통역을 망치기 쉽다. 통역이란 순간의 예술로 바로 연설을 듣는 순간에 극도로 긴장해 내용을 이해하고 그대로 옮기는 것이 중요하다.

Asian Urban Forum

15 November 2011
Subjects: Urban development
Opening remarks by Haruhiko Kuroda, ADB President, ADB Headquarters, Manila

I. Introduction

Excellencies, distinguished guests, ladies and gentlemen:

Good morning, and welcome to ADB's Asian Urban Forum. Thank you all for joining us today.

As we all know, Asia is experiencing a tremendous wave of urbanization. As the region's partner in development, ADB will need to invest more in urban areas, where increasing numbers of the poor and vulnerable reside, to support achievement of the Millennium Development Goals.

1학년 전공구분 시험의 길이는 3분 30초가량이기 때문에 이 연설이 아주 적당하다. 우선 제목을 보면 아시아 도시 포럼으로 아시아 국가들이 급속도로 도시화되고 있지만 문제가 많다는 것이다. 빈촌에서 사는 사람들뿐 아니라 확대된 도시에서 사는 사람들 문제가 더 심각할 수 있다는 명제 속에서 통역을 시작해야 올바른 방향으로 통역을 마칠 수 있다. 회의 주최가 아시아 개발 은행이니만큼 아시아인들이 아시아 얘기를 한다. 도시의 빈민촌에서 사는 빈민들을 계속 염두에 두어야 바른 통역이 나온다.

II. Urban Asia Today

Asia's cities have been the drivers of the economy. With approximately 80 per cent of GDP today coming from urban areas, the quality and efficiency of Asia's cities and their ability to innovate will determine the region's long-term productivity and overall stability.

Half of the world's megacities with populations of over 10 million are in Asia. But we cannot overlook the pressure on second-tier cities. A quick scan reveals over 100 cities in the region with populations of over 1 million. These cities are growing, but still poorer and less capable. It is crucial to get ahead of the challenges of urbanization in these second-tier cities, while tackling the issues in megacities.

In addition, large disparities have emerged as poverty has urbanized. Over 200 million people live in poverty in Asia's cities and many more are vulnerable to economic and environmental shocks. Many of Asia's urban poor live in high density, degraded, informal or squatter settlements located in both well developed districts and peri-urban areas on the edge of cities. If nothing changes, the population of these slums will reach nearly 700 million by 2015.

Inefficient and uncompetitive cities, resulting from inadequate and inefficient infrastructure, drag down economic growth. In cities like Bangkok, Jakarta and Manila, traffic congestion costs account for 6% of GDP. There are significant unmet demands for urban services and huge financing requirements.

III. Challenges

Against this background, local governments assume considerable responsibility for infrastructure and other services in urban areas. However, Asian local governments have limited access to capital markets and private sector finance for their infrastructure projects. In 2006, the ADB estimated that urban infrastructure investment has fallen short by about $30 billion each year.

Looking beyond the immediate horizon, Asian cities need to make continuous efforts to become livable, competitive, inclusive and environmentally sustainable. Those cities share a number of characteristics. They provide high quality physical environments; social environments that encourage a high density of creative people; and efficient, high quality public services, including transport, health, education, and information and communications technology. Asia has good examples, such as Singapore. The challenge is to learn lessons from them, and to apply them to other cities across the Asia and Pacific region.

IV. ADB's Response

ADB is committed to helping developing Asia find workable solutions. ADB is now working on formulation of a new Urban Operational Plan, which will provide a basis for a comprehensive assessment of how urban areas can become more competitive, more inclusive of the poor, and more environmentally-friendly. And we are planning to adopt an integrated approach to planning urban investments, so as to maximize their impact. Examples of such projects are coordinated planning and investment in transport systems and basic infrastructure, and coordinated provision of improved drainage and solid waste services.

ADB will provide project development and capacity building support, together with our development assistance partners. We will foster knowledge acquisition and dissemination, and dialogue on best practices through such means as this Asian Urban Forum. And thus ADB will implement programs and projects in line with our long-term strategic framework, Strategy 2020 – in particular, projects involving the private sector.

We hope that this Forum will build a shared vision of our goals in the sector, and a clear understanding of both the constraints we will have to overcome to fulfill these goals and the strategies we should adopt.

V. Conclusion

Ladies and gentlemen, let me close by saying that Asia's cities represent, to a great extent, Asia's future. It is incumbent upon all of us to ensure that we lay the groundwork for successful cities today and tomorrow. ADB remains your partner in this endeavor.

Thank you.

제12강 졸업시험 문제

1. 국회의 한미 FTA 비준을 촉구한다

김종훈 통상교섭 본부장

2011년 11월 2일

서울 광화문 외교통상부 건물 기자회견장

외교통상부 출입기자단 대상 기자회견

존경하는 외교통상부 출입 기자 여러분,

저는 지난 70개월 동안 한 · 미 FTA와 함께 해 왔습니다. 저는 지난 주에도 한 · 미 FTA 토론회에 참석했습니다. 지난 10월 30일, 토론회를 마치고 고단한 몸으로 돌아와 사무실 책상에 앉아 지난 몇 년을 돌아보았습니다. 그때 한미 FTA 수석대표로서 미국과 협상을 벌이고 세계로 뻗어가는 대한민국을 꿈꿨던 시간은 잠시였다는 사실을 깨달았습니다. 협상보다 더 오랜 시간 우리 내부의 이견을 설득하고 편견과 싸워야 했습니다. 누군가 나를 "일제시대의 매국노" "미국의 총독"이라며 모욕하는 순간도 참아야 했습니다. 대한민국 통상교섭본부장의 짐을 내려놓고 싶다는 생각이 들 때도 있었습니다. 그럴 때마다 수고 많다면서 차비를 받지 않던 택시 기사님, 한사코 밥값을 받지 않던 음식점 아저씨, 멘토가 되어 달라던 대학생들,

그리고 이제 두 살인 제 손녀를 생각하면서 다시 마음을 다잡곤 했습니다.

2006년 참여정부 역에서 출발한 열차 '한 · 미 **FTA** 호'는 '비준 동의'를 받기 위해 중간 기착역인 '국회'에 한참 동안 정지해 있습니다. 많은 국민과 기업들은 '한 · 미 **FTA** 호'가 출발하기를 4년 이상 기다리고 있습니다. 지금 한 · 미 **FTA**를 반대하고 있는 사람들은 '참여정부 역'을 떠날 때부터 이 열차를 향해 쉬지 않고 돌을 던져 왔습니다. 시간이 흐르고 차장이 바뀌자, 열차에서 내려 돌을 던지는 사람들도 생겼습니다.

이런 편견과 정치적 계산은 냉엄한 국제 경쟁 속에서 우리와 우리 미래 세대의 생존을 보장해 주지 못합니다. 물론 한 · 미 FTA가 무슨 요술 방망이는 아닙니다. 그러나 나는 이 협정이 우리와 미래 세대에게 더욱 많은 기회를 제공할 것이며, 기회는 활용하는 사람의 몫이라고 확신합니다.

만약 국회에서 '비준 동의'를 받지 못한다면 '한 · 미 FTA 호'는 달리지 못하는 열차가 되어 역사의 뒤안길로 사라지게 될 것입니다. 글로벌 경기침체를 맞아 필사적으로 생존의 활로를 찾고 있는 우리 기업들에 북미시장으로 연결되는 고속열차 '한 · 미 FTA 호'가 폐차되는 일이 있어서는 결코 안 될 것입니다.

국회에 멈춰서 있는 한 · 미 FTA를 두고 최근 우리 야당과 협정에 반대하는 분들은 투자자 · 국가소송제도(ISD)를 독소조항이라고 주장하고 있습니다. ISD를 고쳐서 다시 가져오라고 요구하고 있습니다. 나는 여기에 동의할 수 없습니다. ISD는 전 세계 양자협정에 들어 있으며, 우리가 이미 체결한 FTA와 모든 투자협정에도 반영돼 있는 보편적인 제도이기 때문입니다. 이것은 우리 투자자에게 닥칠지도 모를 상대국의 부당한 조치로부터 보호받기 위해서도 필요한 제도입니다. ISD에는 또한 공공부문에 대한 우리의 정책적 재량권도 구체적으로 규정되어 있습니다. 따라서 일부에서 주장하듯 ISD로 우리 공공정책이 훼손되는 일은 없을 것입니다. 우리가 정책을 투명하고 공정하게 집행한다면 ISD를 두려워할 필요가 없습니다. 나는 오히려 ISD가 '한 · 미 FTA 호'의 투자 촉진제로 기능하게 될 것으로 믿고 있습니다.

한 · 미 FTA가 가져올 미래를 불안해하는 사람들도 있습니다. 스티브 잡스는 "미래를 예견하는 최상의 길은 미래를 만들어 내는 것이다"고 했습니다. 나는 문호를 열어 시장을 넓히고 세계 최고와 경쟁하는 일등 국가를 만드는 것이 우리 세대의 사명이라고 믿습니다. 땅덩어리는 작지만 국민이 부유하게 살 수 있는 기반을 닦는 것이 우리 세대의 사명이라고 믿습니다. 물론 그 모든 과정에서 우리 경제의 취약 부분에 대한 정책적인 지원과 사회적인 배려는 반드시 필요합니다. 그러나 우리 후손에게 '한 · 미 FTA'라는 고속열차를 타고 세계를 누빌 권리를 빼앗아서는 안 됩니다. 이제 두 살 된 내 손녀가 자라나서 FTA로 세계를 누빌 권리는 누구도 빼앗을 수 없습니다. '한 · 미 FTA 호'의 힘찬 출발을 위한 마지막 관문에서 국회가 우리 국민과 기업, 그리고 우리 아이들의 미래를 외면하지 말기를 간곡히 당부 드립니다.

오늘은 회견의 성격상 기자 여러분들의 질문은 받지 않고 물러가는 것을 이해해주시기 바랍니다. 기자 여러분, 감사합니다.

〈 GLOSSARY 〉

한 · 미 **FTA** 토론회

투자자 · 국가소송제도**(ISD): Investor-State Disment (Dispute Settlement)**

스티브 잡스

2. 서울 시민의 투표를 촉구함

안철수 서울 융합과학기술대학원장(당시)

2011년 10월 24일 오후

서울 종로구 안국동 희망캠프(박원순 서울 시장후보 선거대책본부)

서울 시민 여러분,

1955년 12월 1일, 목요일이었습니다.

미국 앨라배마 주의 '로자 팍스' 라는 한 흑인 여성이 퇴근길 버스에 올랐습니다.

잠시 후 비좁은 버스에 백인 승객이 오르자 버스 기사는 그녀에게 자리를 양보할 것을 지시했습니다.

그녀는 이를 거부했고 체포돼 재판에 넘겨졌습니다.

하지만 이 작은 움직임은 많은 사람들의 공감을 불러일으켰고 미국 흑인 인권운동에 큰 전환점이 됐습니다.

흑인에게 법적 참정권이 주어진 것은 1870년이었지만, 흑인이 백인과 함께 버스를 타는 데는 그로부터 85년이 더 필요했고, 그 변화를 이끌어낸 힘은 바로 작은 '행동' 이었습니다.

후에 그녀는 이렇게 말합니다.

"내게는 여느 날과 똑같은 날이었지만 수많은 대중들의 참여가 그날의 의미를 바꿔놓았다"

'선거' 는 바로 이런' 참여' 의 상징입니다.

저는 지금 우리가 새로운 시대를 열어가는 변화의 출발점에 서있다고 생각합니다.

그래서 이번 시장선거는 부자 대 서민, 노인 대 젊은이, 강남과 강북의 대결이 아니고,보수 대 진보의 대립은 더더욱 아니어야 한다고 생각합니다.

저는 이번 선거만은 이념과 정파의 벽을 넘어 누가 대립이 아닌 화합을 이끌어 낼 수 있는지,

누구의 말이 진실한지, 또 누가 "과거가 아닌 미래를 말하고 있는지"를 묻는 선거여야 한다고 생각합니다.

그래서 저는 55년 전의 흑인여성 '로자 팍스' 처럼, 우리가 '그날의 의미를 바꿔놓는' 행동에 나서야 한다고 생각합니다.

선거 참여야 말로 시민이 주인이 되는 길이며, 원칙이 편법과 특권을 이기는 길이며, 상식이 비상식을 이기는 길이라고 생각합니다.

저 역시 천만 시민의 한 사람으로서 당연히 제 한 표의 권리를 행사할 것이고 이른 아침 투표장에 나갈 것입니다.

여러분도 저와 함께 해주시기를 간곡하게 청합니다.

감사합니다.

〈 GLOSSARY 〉

미국 앨라배마 주
로자 팍스(Rosa Parks): 미국의 시민운동가
1913년 2월 4일 출생 - 2005년 10월 24일 사망
1999년 의회시민영예상
1996년 대통령 자유 메달
전미유색인종지위향상협회 자문위원

제13강 의료 통역사 교육 졸업 시험 문제

이 책의 서두에서 언급했듯이 2009년부터 간호사들 위주로 의료통역 훈련을 실시한 지 3년이 지났다. 이 지역사회통역(community interpreting)을 통역학부나 대학원에서 실시할 경우를 대비해 이 과정의 졸업시험에 출제했던 문제들을 예시한다. 법정 통역이 피고인과 법률관리 사이의 대화 통역이라면 의료통역은 환자와 의료인 사이 대화의 통역이다.

(An international patient with RA)

〈원문〉

D: Amanda Walsh, please come in. What brings you here today?
P: Well, I have pain and swelling in my hands.
D: I see~ and you have redness around your joints. Do you have warmth in these areas?
P: Yes and it's extremely painful.
D: When did it all start?
P: It's been about 2 months. And they feel very stiff after getting out of bed
D: How long does this morning stiffness last?

P: About half an hour or so.

D: Do you have the symptoms in both hands?

P: Yes, both hands, including the fingers, thumbs, and even the wrists.

D: Let's run a few tests although it looks like rheumatoid arthritis (After the tests)

D: As I had suspected, your test results show that you have high levels of rheumatoid factor and inflammation.

P: So it's rheumatoid arthritis? I think I've heard of it. But what exactly is it?

D: It's a type of autoimmune inflammatory disease, where the immune system attacks its own healthy tissues as if it were a foreign invader.

P: How did I get the disease?

D: The exact cause is unknown.

P: Then, what do I have to do now?

D: Well, there is no cure for it, but the goals of treatment will be to relieve your symptoms and slow the progression of the disease to prevent joint deformity and disability.

(류마티스 관절염으로 내원한 외국인 환자)

〈시험에서 읽을 텍스트〉

D: 아만다 월시님? 어서 들어오세요. 어디가 아프셔서 오셨나요?

P: Well, I have pain and swelling(부종) in my hands

D: 네~ 관절주위가 벌겋네요. 관절 부위가 후끈거리세요?

P: Yes and it's extremely painful.

D: 언제부터 그러셨나요?

P: It's been about 2 months. And they feel very stiff(뻣뻣함) after getting out of bed.

D:그런 조조강직은 얼마나 오래 지속되시나요?

P: About half an hour or so.

D: 양손이 다 그러시고요?

P: Yes, both hands, including the fingers, thumbs, and even the wrists.

D: 류마티스 관절염이 의심되는데 몇 가지 검사를 좀 해봐야겠네요. (After the tests)

D: 역시 혈청검사 결과를 보니 류마티스 인자가 있는데다 감염수치도 높으시네요.

P: So it's rheumatoid arthritis? I think I've heard of it. But what exactly is it?

D: 일종의 자가면역질환으로 우리 몸의 면역체계에 이상이 생겨 자기 자신을 공격하는 병이죠.

P: 제가 어떻게 그런 병에 걸렸죠?

D: 아직 확실한 원인은 밝혀지지 않았어요.

P: 그럼 저는 이제 어떻게 해야 하나요?

D: 사실 완치까지는 힘들고요. 일단 치료의 초점은 증상을 경감시키고 병의 진행을 최대한 지연시켜서 관절의 기능상실과 변형을 방지하는 게 될거에요.

(An international patient with RA)

〈원문〉

D: Mary Poppins, please come in. What brings you here today?

P: Well, I have pain and swelling in my hands.

D: I see~ and you have redness around your joints. Do you have warmth in these areas?

P: Yes and it's extremely painful.

D: When did it all start?

P: It's been about 2 months. And they feel very stiff after getting out of bed

D: How long does this morning stiffness last?

P: About half an hour or so.

D: Do you have the symptoms in both hands?

P: Yes, both hands, including the fingers, thumbs, and even the wrists.

D: Let's run a few tests although it looks like rheumatoid arthritis (After the tests)

D: As I had suspected, your test results show that you have high levels of rheumatoid factor and inflammation.

P: So it's rheumatoid arthritis? I think I've heard of it. But what exactly is it?

D: It's a type of autoimmune inflammatory disease, where the immune system attacks its own healthy tissues as if it were a foreign invader.

P: How did I get the disease?

D: The exact cause is unknown.

P: Then, what do I have to do now?

D: Well, there is no cure for it, but the goals of treatment will be to relieve your symptoms and slow the progression of the disease to prevent joint deformity and disability.

(류마티스 관절염으로 내원한 외국인 환자)

〈시험에서 읽을 텍스트〉

D: 메리 포핀즈 님? 어서 들어오세요. 어디가 아프셔서 오셨나요?

P: Well, I have pain and swelling(부종) in my hands

D: 네~ 관절주위가 벌겋네요. 관절 부위가 후끈거리세요?

P: Yes and it's extremely painful.

D: 언제부터 그러셨나요?

P: It's been about 2 months. And they feel very stiff(뻣뻣함) after getting out of bed.

D: 그런 조조강직은 얼마나 오래 지속되시나요?

P: About half an hour or so.

D: 양손이 다 그러시고요?

P: Yes, both hands, including the fingers, thumbs, and even the wrists.

D: 류마티스 관절염이 의심되는데 몇 가지 검사를 좀 해봐야겠네요. (After the tests)

D: 역시 혈청검사 결과를 보니 류마티스 인자가 있는데다 감염수치도 높으시네요.

P: So it's rheumatoid arthritis? I think I've heard of it. But what exactly is it?

D: 일종의 자가면역질환으로 우리 몸의 면역체계에 이상이 생겨 자기 자신을 공격하는 병이죠.

P: 제가 어떻게 그런 병에 걸렸죠?

D: 아직 확실한 원인은 밝혀지지 않았어요.

P: 그럼 저는 이제 어떻게 해야 하나요?

D: 사실 완치까지는 힘들고요. 일단 치료의 초점은 증상을 경감시키고 병의 진행을 최대한 지연시켜서 관절의 기능상실과 변형을 방지하는 게 될 거에요.

(An international patient on hemodialysis)

〈원문〉

D: Mr. Jones? You started hemodialysis? So, how was it?

P: I don't think I can live like this, Doctor.

D: Did you have a hard time?

P: I have terrible headaches and feel tired all the time. I've never felt this depressed before.

D: Are you sleeping well?

P: No. I really can't sleep at night because of the aching and itching in my legs: They feel all jittery! I just feel like thrashing them.

D: Well, let me prescribe a medication that will help you with those restless legs.

P: Will the drug help my itching too? It often gets worse during or just after the dialysis treatment.

D: An antihistamine in the form of ointment will be prescribed for your skin pruritus. Always apply ample amount of cream to prevent dry skin.

P: Will walking or exercising reduce restlessness?

D: Walking or moderate exercise during the day may help, but exercising before bedtime can make restless legs worse. Do you smoke or drink coffee or alcohol?

P: You know, I wish I still craved them like I used to because I feel sick to my stomach just thinking about them, not to mention any food. I totally lost my appetite.

D: Kidney failure can lead to waste buildups called uremic toxins since no dialysis can filter wastes better than your kidneys. And having uremia can change the way food tastes to you. But getting enough protein and calories is important for staying healthy. Adjusting can take time.

(외국인 혈액투석 환자)

〈시험에서 읽을 텍스트〉

D: 존스 씨? 혈액투석 시작하셨죠? 좀 어떠셨어요?

P: I don't think I can live like this, Doctor.

D: 많이 힘드셨어요?

P: I have terrible headaches and feel tired all the time. I've never felt this depressed before.

D: 잠은 좀 잘 주무시나요?

P: No. I really can't sleep at night because of the aching and itching in my legs: They feel all jittery! I just feel like thrashing them.

D: 하지 불안(restless leg)을 줄여줄 수 있는 약을 좀 처방해 드릴께요.

P: Will the drug help my itching too? It often gets worse during or just after the dialysis treatment.

D: 피부 가려운 건 항히스타민제를 좀 드릴 테니 발라보세요. 피부가 건조해 지지 않도록 로션이나 크림을 평상시에 좀 듬뿍 바르시고요.

P: Will walking or exercising reduce restlessness?

D: 낮 동안에 걷거나 가벼운 운동을 하시면 좀 도움이 될 수 있죠. 그렇지만 자기 전에 하시면 증상이 오히려 심해질 수도 있어요. 커피나 술, 담배 하시나요?

P: You know, I wish I still craved them like I used to because I feel sick to my stomach just thinking about them, not to mention any food. I totally lost my appetite.

D: 신장이 망가지다 보니 요독(uremic toxins)이 쌓여서 그럴 수 있으세요. 투석이 신장만큼 노폐물을 잘 거르진 못 하거든요. 요독증(uremia)에 걸리면 입맛이 떨어질 수 있어요. 그래도 건강을 유지하시려면 단백질과 필요한 칼로리를 충분히 섭취하는 게 중요하니 잘 드셔야 해요. 투석에 적응하는데도 시간이 좀 걸려요.

(Ear infections in children: Otitis Media)

〈원문〉

D: Good morning! How's Ryan?

M: He's still not feeling well.

D: Is he still taking his antibiotics?

M: Well, after 3 days, his symptom improved so I reduced it to twice a day instead of three.

D: Even if he seems better in a few days, the infection can come back if it's not completely cleared from his ear. So it's really important to make sure your child takes what's prescribed exactly as it is and for the full amount of time.

M: I see what you mean.

D: Let me see your ear and your nose.

(After the test)

D: His ear infection is still there.

M: It keeps recurring……

D: I'm going to give you a different antibiotic and if the infection doesn't disappear within three to six weeks you may want to consider a surgical procedure.

M: A surgery?

D: Yes, it will place a small ventilation tube in the eardrum to prevent fluid backup in the middle ear. If placement of the tubes still doesn't prevent infections, I may have to consider removing his adenoids to prevent infection from spreading to the eustachian tubes.

M: I hope he gets well before that.

D: By the way, are you still feeding him with a bottle?

M: He drinks water with a cup but not milk.

D: Well, never put your baby down for a nap, or for the night, with a bottle. It's time he quit.

(소아 중이염)

〈시험에서 읽을 텍스트〉

D: 안녕하세요. 라이언 좀 어떤가요?
M: He's still not feeling well.
D: 항생제는 계속 잘 먹이셨어요?
M: Well, after 3 days, his symptom improved so I reduced it to twice a day instead of three.
D: 몇 일 먹여보고 괜찮아 진 것 같아도 염증이 완전히 사라지지 않으면 재발할 수 있어요. 그래서 아이에게 처방된 약의 용량과 기간을 꼭 지키셔야 됩니다.
M: I see what you mean.
D: 어디 귀하고 코 좀 보자.
(검사 후)
D: 여전히 중이염이 있네요.
M: It keeps recurring…..
D: 다른 항생제를 드려 볼 테니 먹이고 3~6주 후에도 염증이 지속되면 환기관 삽입술을 한 번 고려해 보세요.
M: A surgery?
D: 예, 귀 안에 환기관을 삽입해 자꾸 물이 차지 않게 하는 겁니다. 만일 그래도 염증이 지속되면 이관염으로 확산되는 것을 막기 위해 아데노이드 수술을 고려해야 할 수도 있어요.
M: I hope he gets well before that.
D: 근데 혹시 아직도 젖병으로 우유 먹이세요?
M: He drinks water with a cup but not milk.
D: 낮잠 잘 때나 밤에는 절대 젖병을 물고 자게 하면 안돼요. 이제 끊어야죠.

번역 관련 기고문

1. 힘없는 번역사 탓할 일 아니다

조선일보 2008-07-04 A25면

곽중철 · 한국외대 통번역대학원 교수

정부가 동물성 사료 금지 완화 조치를 담은 미국 연방 관보 내용을 오역(誤譯)했다는 보도가 나온 얼마 후 MBC PD수첩은 지난 4월 방영 분에 담긴 번역의 경우 또박또박 제대로 번역하지 않았거나 의역을 해서 오해의 여지를 남겼다고 해명해 오역 논란이 계속 되고 있다.

지난 정부 때 미국측 통역사들의 통역이 시원찮아 말썽이 끊이지 않았던 것과 달리 이번 정부 들어서는 우리측의 번역이 잇달아 문제가 되고 있다. 미국측 통역의 경우 통역의 중요성과 그 메커니즘을 간과하고 전문 통역사를 확보하지 못한 미국 정부에 원초적 책임이 있다면 이번 국내 번역의 경우는 번역사의 자질보다는 그들을 쓰는 사용자인 한국 정부와 방송사가 번역물을 잘못 처리한 책임이 있다.

통역사와 달리 번역사는 전문 대학원의 교육을 거치지 않고 생업에 종사하는 사람이 더 많다. 번역사들 개개인의 능력과 관계없이 번역을 의뢰하는 고객들의 주문은 한결같다. 시간이 촉박하니 최대한 빨리 번역해 달라. 번역료는 규정상 많이 줄 수 없다.

이제 이런 관행은 사라져야 한다. 다른 직종과 마찬가지로 번역이라는 직능도 대우와 보수에 비례해 그 중요성이 가늠되고 그에 따른 책임을 물어야 한다. 미국 연방 관보 내용이나 광우병에 대한 해외 취재 내용 등 중요한 내용을 번역할 때는 힘없는 번역사의 번역을 그대로 인용할 게 아니라 전문가의 철저한 감수나 변호사의 자문을 거쳐야 한다. 더구나 번역사의 번역을 사용자의 의도에 맞춰 맘대로 고쳐 썼다면 더더욱 번역사에게 책임을 물을 수 없다. 그것은 번역사를 희생양으로 삼으려는 비겁한 책임 회피 행위다.

번역은 반역(叛逆)이라는 말이 있듯이 정확하고 말썽 없는 번역은 힘들다. 정부든 민간이든 지금부터라도 번역에 대한 올바른 인식과 그 중요성에 크게 눈떠야 한다.

2. 번역료를 올려라

2011년 4월 29일

FTA 협정문 오역파동 원인과 대책(자유선진당 주최) 지정 토론문

곽중철(한국외대 통번역대학원 교수)

이 나라의 1세대 통역사로서, 3년 전 설립된 (사)한국통번역사협회의 발기인 중 한 사람으로 최근 불거진 한-EU FTA 협정문 오역사태에 대한 언론보도를 관망해왔다. 그중 가장 핵심을 찌른 보도는 정부부처가 고급 번역사를 쓸 수 없는 가장 큰 이유가 예산 문제라는 것. 즉 번역사들이 정부 부처에서 2000~3000만원 정도 연봉의 계약직 인력으로 고용돼 대개 1년~1년 반 정도 경력을 쌓은 후 대기업으로 이직하거나 프리랜서로 전환하면 억대 연수입도 가능해진다는 것이다.

외교통상부의 책임자는 "1300쪽의 협정문 전부를 전문인력에 맡기면 2억6000만원이 들어 내부에서 작업을 했다"고 말했다. 이 계산대로라면 번역료가 1쪽에 20만원인데 법무법인이 아닌 영세한 번역회사에서 1쪽에 20만원을 받는 경우는

극히 드물다. 1쪽에 기껏해야 10만원이다. 그나마 외국어를 우리 말로 옮길 때는 더 낮아진다. 사태가 터진 후 법률 전문가들이 감수한 부분에서도 오역이 적잖이 발견되었다고 하니 우리말 번역도 그만큼 어려운 것이다.

공기관에서 번역을 의뢰 받을 때 언제나 듣는 소리는 "가능한 한 빨리 번역해달라. 그러나 번역료는 예산 규정상 많이 줄 수 없다"라는 것이다. 이래서야 어느 실력 있는 번역사가 공기관의 번역을 맡겠는가? 특히 영어 같은 경우는 일감이 넘치는데 "정부의 번역을 가문의 영광으로 알고 봉사하라"는 말이 통하던 시대는 지났다.

이런 현실의 밑바닥에는 뿌리깊은 번역 경시 풍조가 있다. 필자가 통역대학원 1기로 졸업한 당시 국내 통역료는 하루에 20만 원이었고 최근에는 100만 원 가량이니 30년 만에 5배가 되었다. 그러나 번역료는 그렇지 못하다. 프리랜서 번역사들의 몸값은 천차만별로 A4 용지 한 장 기준의 번역료는 적게는 장당 2000원에서 많게는 20만원까지 편차가 매우 커 번역사들의 수입이 100배까지 차이가 난다는 계산이 나온다. 그만큼 번역은 아직까지 "영어를 조금 잘 하거나, 영문과만 나오면 할 수 있는" 일이라는 인식이 사라지지 않고 있다. 우리 대학원에서도 1년에 150명 가량의 졸업생 중 "번역만 전문으로 하겠다"는 사람은 10명도 되지 않는다. 대학에서도 교수가 논문이나 저서를 펴낼 때보다 역서를 펴내는 연구 점수가 여전히 낮은 현실이 학자들마저 번역을 경시하고 있음을 보여준다. 일본의 경우는 반대임을 보면서도 고쳐지지 않고 있다.

이번에 말썽이 된 것이 외국어로의 번역이 아니라 우리말로의 번역이었다는 사실은 우리에게 또 다른 반성의 계기를 준다. 지난 몇 십 년 동안 우리는 영어 위주의 언어 교육을 시키면서 모국어를 경시해왔다. 모국어 없는 외국어가 무슨 소용일까? 모국어를 온전히 못하는 자가 외국어를 얼마나 할 수 있을까? 한자를 배우지 않은 한글세대가 그 어려운 한자투성이 협정문을 자신 있게 번역할 수 있을까? 이번의 한국어 오역 사태도 어쩌면 모국어 경시 풍조 때문에 일어났다고 본다. 모국어를 경시하는 고위직과 직접 번역을 한 우리 말에 서툰 젊은 실무자 및 인턴 직원들의 합작품일 것이다.

정부 예산 규정이 있다 해도 일부 힘있는(?) 부서에서는 상당한 번역료를 주고 번역을 시킨다. 결국 성의를 가지고 특별예산을 책정해 결제를 받으면 가능하다는 얘기다. '규정 운운' 하는 것은 게으른 실무자들의 무사안일이 원인일 뿐이다. 이번 사태를 계기로 내년부터라도 공기관의 번역료 예산을 상향 조정해야 한다. 만 원을 주면 만 원짜리 번역이, 10만 원을 주면 10만 원짜리 번역이 나온다. 이번 FTA 협정문 같은 경우는 전문 번역사들에게 일을 맡기면서 번역료에 법률 전문가들의 감수비까지 포함시켜야 했다. 번역료가 2-3억이 든다 해도 오역이 불러올 국가적 손해는 2-3조에 달할 수 있다. 정부가 베푸는 수 많은 오 · 만찬 등 체면치레 행사들의 예산을 조금만 줄이면 된다. 정부와 국회는 다시는 이런 사태가 반복되지 않도록 내년 예산 책정 및 심의 시 번역료를 상향 조정하라. (끝)

곽중철의 통역 강의록 - 학부에서 대학원까지

후기

이 덩치 큰 남자가 어떻게 대부분 여성이 하는 작고 섬세한 통역을 하게 되었을까라는 의문에 '운명'이라는 답 밖에 찾지 못한 채 난생 처음 1년이라는 안식년을 보냈다. 대학 졸업 후 통역장교로 청와대 경호실에서 하루 종일 번역만 할 때도 내가 통번역을 업으로 할 줄은 몰랐다. 전역 후 현대건설에서 새벽부터 텔렉스를 번역할 때도 통번역사가 될 줄은 몰랐다. 1년여 만에 퇴사하고 통역대학원에 1기로 입학한 1년 후 "왜 하필이면 이상한 통역 공부를 하러 가느냐?"는 어느 친구의 질문에 답하지 못한 채 프랑스로 유학을 떠났다.

유학을 마치고 귀국해 '통역'이라는 국내 최초의 전공으로 사회생활을 시작할 때도 내 앞날을 알 지 못했다. 서울올림픽조직위에 '통역' 전문위원으로 선발된 후 서기관급 공무원에 해당하는 '통역안내과장'이 되어 5년 간 올림픽을 치르면서도 앞날을 확신하지 못했다.

올림픽 도중 모셨던 분을 따라 청와대에서 최초로 '통역'을 전공한 통역사 겸 공보비서관이 되었다가 청와대를 나올 때도 내 자리를 찾지 못해 방황했다. 국내 최초의 24시간 뉴스채널에서 '통역'을 전공한 국제부장으로 일하면서 IMF를 맞아 월급을 받지 못하는 상황에서는 황당하기까지 했다. 기적처럼 모교의 부름을 받아 모교 통역대학원의 교수가 되어 이제 13년이 되었다. 선배 한 분은 "사람이 제 자리를 찾기가 그만큼 힘들다"라고 했다. 13년 동안 연말이면 제자들의 진급시험과 졸업시험을 채점하며 괴로워했다. 시험에 떨어져 우는 제자, 제 자리를 찾지 못해 고민하는 제자들을 보며 연말은 언제나 내가 먼저 아픈 계절이었다.

이제 후배 겸 제자들을 위한 강의록을 다시 펴내면서 "나는 바담 풍이라고 해도 너는 바람 풍이라고 하라"는 혀 짧은 아비의 마음을 갖는다. 아무쪼록 후학들이 이 책으로 조금이라도 쉽게 통역공부를 하고 조금이라도 빨리 제 자리를 찾아가기를 바랄 뿐이다

지난 20년 동안 통역 분야는 고도의 전문직으로 인정받았고, 지금도 많은 이들의 선망의 대상이 되고 있다. 그러나 어찌 보면 통역만큼 시대에 뒤진 직종도 없다. 자동 번역기나 통역기가 개발되고 있다고 하지만 통역이란 아직까지 남이 한 말을 고스란히 그대로 옮기는 인간적인 작업이다. 통역사의 독창성이나 상상력이 개입될 여지가 없다. 정보 통신 분야의 무서운 발달로 세상이 현기증이 날 정도로 발전되고 있는데 남의 말이나 옮기는 직업은 분명히 시대에 뒤떨어진다고 볼 수 있다.

그럼에도 불구하고 통역의 대상이 되는 분야가 정신을 차릴 수 없을 정도로 빨리 확대, 변화, 발전되고 있기 때문에 통역사의 업무는 이에 발맞춰 계속 전문화해야 한다 이다. 요즘 사회의 모든 분야가 그렇지만 통역분야도 하루가 다르게 변화하고 있어 현재 통역부스에서 혹은 기업의 외국 컨설턴트 곁에서 통역을 하고 있는 신세대 통역사 세대는 약 5년 전의 선배들과 세대차를 느낄 것이다.

그러나 2000년 벽두에 탈고해 본 저서의 모태가 된 '통역101'이라는 저서를 보면 통번역의 기초만큼은 아직 변하지 않았음을 느낀다. 통번역이란 대상이 되는 주제의 철저한 이해에서 출발하고, 문장력과 어휘력이야말로 통번역의 품질을 좌

우하는 관건이라는 점이다. 필자는 20년의 통번역 현업을 거쳐 10년이 넘도록 후배들을 가르치고, 의료 통역을 하려는 간호사들을 지도하며 어학의 기초가 얼마나 중요한지 새삼 느끼고 있다. 간호사들에게는 "의료용어가 아니라 기본 회화 실력을 바탕으로 한 대화 통역이 훨씬 더 중요하다고 가르쳤다.

통번역 대학원 입시든 중간 · 기말 고시든, 진급시험이든 졸업시험이든 이런 기초가 부족해 낭패를 겪는 제자들을 많이 본다. 대학원을 2년 동안 다녀놓고도 시험 문제로 나온 연설의 처음부터 올바르게 통역하지 못하는 제자들을 보며 "타고난 말재주"가 문제가 아니라면 기초를 닦는데 소홀했던 결과가 아닌가" 생각한다.

이 책은 통역을 잘 할 수 있는 배경 설명과 통역의 기초를 제사하기 위해 쓰여졌다. 부디 처음부터 끝까지 주의 깊게 읽어 훌륭한 통번역을 할 수 있는 거름으로 써주기를 고대한다.

2012년 2월 저자 곽중철

곽중철의 통역강의록

학부에서 대학원까지

초판 1쇄 발행 2012년 2월 28일
초판 2쇄 발행 2012년 10월 30일
초판 3쇄 발행 2014년 9월 5일

지 은 이 곽중철
발 행 인 김인철
발 행 처 한국외국어대학교 출판부
130-791 서울특별시 동대문구 이문로 107
전화 02)2173-2495~7
팩스 02)2173-3363
홈페이지 http://press.hufs.ac.kr
전자우편 press@hufs.ac.kr
출판등록 제6-6호(1969. 4. 30)
디자인·편집 디자인 퍼브 02)2254-4308
인쇄·제본 네오프린텍(주) 02)718-3111

ISBN 978-89-7464-710-0 93700 정가 14,000원

*잘못된 책은 교환하여 드립니다.

HU:iNE은 한국외국어대학교출판부의 어학 및 사회과학도서 Sub Brand이다. 한국외대의 영문명인 HUFS, 현명한 국제전문가 양성의 (International+Intelligent)의 의미를 담고 있으며, 휴인(携引)의 뜻인 '이끌다, 끌고 나가다'라는 의미처럼 출판계를 이끄는 리더로서, 혁신의 이미지를 담고 있다.